KB033417

일빵빵 + 왕초보 중국어 3

일빵빵 +
왕초보 중국어 3

2016년 10월 24일 초판 제1쇄 발행

저 자 | 일빵빵어학연구소
감 수 | 샤오잉 (인하대학교 교수)
펴 낸 곳 | 토마토출판사
표 지 | 토마토출판사 편집부
본 문 | 윤연경
주 소 | 서울 강남구 신사동 554-3 2F
T E L | 02) 1544-5383
홈페이지 | www.tomato2u.co.kr
등 록 | 2012. 1. 1.

* 값은 커버에 표시되어 있음.

일빵빵 왕초보 中國語

3

토마토
출판사

일빵빵 왕초보중국어는

- 인터넷과 스마트폰으로
  언제, 어디서나 쉽게 공부할 수 있습니다.

- 일빵빵 왕초보 중국어는 초보자의 눈높이에 딱 맞는 난이도로,
  꼭 필요한 내용들을 골라 구성하였습니다.

- 가장 기본적인 발음부터 문법, 회화까지
  중국어의 기본기를 확실히 다질 수 있습니다.

이제, **일빵빵**과 함께
중국어의 첫걸음을 내딛어 보세요!

일빵빵의 모든 강의는 팟캐스트를 통해 무료로 들을 수 있습니다.

■ **강의 듣는 법**

인터넷 검색창에서 **일빵빵** 을 검색한 후,
"일빵빵닷컴(www.일빵빵.com)" 사이트를 클릭한다.

스마트폰의 앱스토어 또는 플레이스토어에서
"일빵빵"을 검색한 후,
"Let's **일빵빵**" 앱을 설치한다.

컴퓨터나 스마트폰의 iTunes 앱에서 **"일빵빵"**을 검색한다.

▶ 일빵빵 공식 페이스북 https://www.facebook.com/ilbangbang

목차 | 일빵빵 왕초보 중국어 3 과거형, 진행형 & 형용사 문장

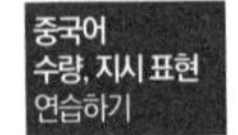

중국어 수량, 지시 표현 연습하기

41강 중국어 단위(양사) 연습

숫자 + 양사 + 명사

중국어의 단위(양사)

중국어에서는 물건을 셀 때 쓰는 단위를 '양사'라고 합니다. 또한 우리말과 마찬가지로, 각 단어마다 알맞은 양사가 정해져 있습니다.

양사를 사용하여 물건의 개수를 나타낼 때에는 '숫자 + 양사 + 명사'의 순서대로 씁니다.

예문 一个学生 yí ge xuésheng (학생 한 명)

一张纸 yì zhāng zhǐ (종이 한 장)

个	개, 명	张	장
ge		zhāng	
本	권	杯	잔
běn		bēi	
件	벌	两	둘(2)
jiàn		liǎng	

중국어에서 자주 쓰이는 '양사' 다섯 가지

ge

사람 또는 물건

예 一个人 yí ge rén 사람 한 명

一个苹果 yí ge píngguǒ 사과 한 개

* '个'는 원래 4성이지만, 양사로 쓸 때는 경성으로 읽습니다. 숫자 '一'을 붙여서 읽을 때에는 '一'을 2성으로 읽는 것에 주의합시다.

张

zhāng

평평한 것

예 一张桌子 yì zhāng zhuōzi 탁자 한 개

一张票 yì zhāng piào 표 한 장

本

běn

책 종류

예 一本书 yì běn shū 책 한 권

一本小说 yì běn xiǎoshuō 소설 한 권

杯

bēi

컵에 담긴 음료

예 一杯咖啡 yì bēi kāfēi 커피 한 잔

件

jiàn

옷, 선물 또는 일

예 一件毛衣 yí jiàn máoyī 스웨터 한 벌

一件事情 yí jiàn shìqing 한 가지 일

수량을 나타내는 숫자 '两(liǎng)'

수량을 나타낼 때에는 二(èr) 대신 两(liǎng)을 씁니다.

예문 两本书 liǎng běn shū (책 2권)

两百件衣服 liǎng bǎi jiàn yīfu (옷 200벌)

两千个苹果 liǎng qiān ge píngguǒ (사과 2,000개)

단, '12'나 '20' 또는 날짜를 나타낼 때에는 两(liǎng)을 쓰지 않습니다.

예문 十二本词典 shí'èr běn cídiǎn (사전 12권)

二十个人 èrshí ge rén (사람 20명)

二月十二号 èr yuè shí'èr hào (2월 12일)

문장듣고따라하기

一个
yí ge — 한 개, 한 명

一个本子
yí ge běnzi — 공책 한 개

两个朋友
liǎng ge péngyou — 친구 두 명

一张
yì zhāng — 한 장

三张桌子
sān zhāng zhuōzi — 탁자 세 개

四张票
sì zhāng piào — 표 네 장

一本
yì běn — 한 권

五本书
wǔ běn shū — 책 다섯 권

六本小说
liù běn xiǎoshuō — 소설 여섯 권

문장듣고따라하기

一杯
yì bēi 한 잔

七杯水
qī bēi shuǐ 물 일곱 잔

八杯咖啡
bā bēi kāfēi 커피 여덟 잔

一件
yí jiàn 한 벌

九件毛衣
jiǔ jiàn máoyī 스웨터 아홉 벌

十件礼物
shí jiàn lǐwù 선물 열 개

十二杯水
shí'èr bēi shuǐ
물 12잔

二十张票
èrshí zhāng piào
표 20장

两百本书
liǎng bǎi běn shū
책 200권

两千件毛衣
liǎng qiān jiàn máoyī
스웨터 2,000벌

两万个学生
liǎng wàn ge xuésheng
학생 20,000명

배운 문장 **연습**하기

빈칸에 우리말 뜻에 맞는 중국어 문장과 발음을 써 보고,
소리 내어 읽으면서 연습해 보세요.

01 한 개, 한 명

문장 쓰기

발음 쓰기 [ ]

02 공책 한 개

[ ]

03 친구 두 명

[ ]

04 한 장

[ ]

05 탁자 세 개

[ ]

06 표 네 장

문장 쓰기

발음 쓰기 [ ]

07 한 권

[ ]

08 책 다섯 권

[ ]

09 소설 여섯 권

[ ]

10 한 잔

[ ]

01 한 개, 한 명

문장 쓰기 一个

발음 쓰기 [yí ge]

02 공책 한 개

一个本子

[yí ge běnzi]

03 친구 두 명

两个朋友

[liǎng ge péngyou]

04 한 장

一张

[yì zhāng]

05 탁자 세 개

三张桌子

[sān zhāng zhuōzi]

06 표 네 장

문장 쓰기 四张票

발음 쓰기 [sì zhāng piào]

07 한 권

一本

[yì běn]

08 책 다섯 권

五本书

[wǔ běn shū]

09 소설 여섯 권

六本小说

[liù běn xiǎoshuō]

10 한 잔

一杯

[yì bēi]

11 물 일곱 잔

문장 쓰기

발음 쓰기 [ ]

12 커피 여덟 잔

[ ]

13 한 벌

[ ]

14 스웨터 아홉 벌

[ ]

15 선물 열 개

[ ]

16 물 12잔

문장 쓰기

발음 쓰기 [ ]

17 표 20장

[ ]

18 책 200권

[ ]

19 스웨터 2,000벌

[ ]

20 학생 20,000명

[ ]

11 물 일곱 잔

문장 쓰기 七杯水

발음 쓰기 [qī bēi shuǐ]

12 커피 여덟 잔

八杯咖啡

[bā bēi kāfēi]

13 한 벌

一件

[yí jiàn]

14 스웨터 아홉 벌

九件毛衣

[jiǔ jiàn máoyī]

15 선물 열 개

十件礼物

[shí jiàn lǐwù]

16 물 12잔

문장 쓰기 十二杯水

발음 쓰기 [shí'èr bēi shuǐ]

17 표 20장

二十张票

[èrshí zhāng piào]

18 책 200권

两百本书

[liǎng bǎi běn shū]

19 스웨터 2,000벌

两千件毛衣

[liǎng qiān jiàn máoyī]

20 학생 20,000명

两万个学生

[liǎng wàn ge xuésheng]

42강 사람 한 명, 사과 한 개

一 + 个 + [ ]

하나 / 개, 명

yí / ge

人	사람	学生	학생
rén		xuésheng	
朋友	친구	哥哥	형, 오빠
péngyou		gēge	
儿子	아들	女儿	딸
érzi		nǚ'ér	
问题	문제	苹果	사과
wèntí		píngguǒ	
本子	공책	菜	요리
běnzi		cài	

一 yí	+	个 ge	+	人 rén	사람 한 명
两 liǎng	+	个 ge	+	学生 xuésheng	학생 두 명
三 sān	+	个 ge	+	朋友 péngyou	친구 세 명
四 sì	+	个 ge	+	哥哥 gēge	형(오빠) 네 명
五 wǔ	+	个 ge	+	儿子 érzi	아들 다섯 명
六 liù	+	个 ge	+	女儿 nǚ'ér	딸 여섯 명
七 qī	+	个 ge	+	问题 wèntí	문제 일곱 개
八 bā	+	个 ge	+	苹果 píngguǒ	사과 여덟 개
九 jiǔ	+	个 ge	+	本子 běnzi	공책 아홉 개
十 shí	+	个 ge	+	菜 cài	요리 열 개

문장듣고따라하기

我有朋友。
Wǒ yǒu péngyou. 나는 친구가 있다.

我有一个朋友。
Wǒ yǒu yí ge péngyou. 나는 친구 한 명이 있다.

我有两个朋友。
Wǒ yǒu liǎng ge péngyou. 나는 친구 두 명이 있다.

我有哥哥。
Wǒ yǒu gēge. 나는 형(오빠)이 있다.

我有一个哥哥。
Wǒ yǒu yí ge gēge. 나는 형(오빠) 한 명이 있다.

我有三个哥哥。
Wǒ yǒu sān ge gēge. 나는 형(오빠) 세 명이 있다.

我有问题。
Wǒ yǒu wèntí. 나는 문제가 있다.

我有一个问题。
Wǒ yǒu yí ge wèntí. 나는 문제 한 개가 있다.

我有四个问题。
Wǒ yǒu sì ge wèntí. 나는 문제 네 개가 있다.

他买苹果。

Tā mǎi píngguǒ. 그는 사과를 산다.

他买一个苹果。

Tā mǎi yí ge píngguǒ. 그는 사과 한 개를 산다.

他买五个苹果。

Tā mǎi wǔ ge píngguǒ. 그는 사과 다섯 개를 산다.

她买本子。

Tā mǎi běnzi. 그녀는 공책을 산다.

她买一个本子。

Tā mǎi yí ge běnzi. 그녀는 공책 한 개를 산다.

她买六个本子。

Tā mǎi liù ge běnzi. 그녀는 공책 여섯 개를 산다.

배운 문장 **연습**하기

빈칸에 우리말 뜻에 맞는 중국어 문장과 발음을 써 보고, 소리 내어 읽으면서 연습해 보세요.

01 사람 한 명

문장 쓰기

발음 쓰기 [ ]

02 학생 두 명

[ ]

03 친구 세 명

[ ]

04 형(오빠) 네 명

[ ]

05 아들 다섯 명

[ ]

06 딸 여섯 명

문장 쓰기

발음 쓰기 [ ]

07 문제 일곱 개

[ ]

08 사과 여덟 개

[ ]

09 공책 아홉 개

[ ]

10 요리 열 개

[ ]

01 사람 한 명

문장 쓰기 一个人

발음 쓰기 [yí ge rén]

02 학생 두 명

两个学生

[liǎng ge xuésheng]

03 친구 세 명

三个朋友

[sān ge péngyou]

04 형(오빠) 네 명

四个哥哥

[sì ge gēge]

05 아들 다섯 명

五个儿子

[wǔ ge érzi]

06 딸 여섯 명

문장 쓰기 六个女儿

발음 쓰기 [liù ge nǚ'ér]

07 문제 일곱 개

七个问题

[qī ge wèntí]

08 사과 여덟 개

八个苹果

[bā ge píngguǒ]

09 공책 아홉 개

九个本子

[jiǔ ge běnzi]

10 요리 열 개

十个菜

[shí ge cài]

11 나는 친구 한 명이 있다.

문장 쓰기

발음 쓰기 [ ]

12 나는 친구 두 명이 있다.

[ ]

13 나는 형(오빠) 한 명이 있다.

[ ]

14 나는 형(오빠) 세 명이 있다.

[ ]

15 나는 문제 한 개가 있다.

[ ]

16 나는 문제 네 개가 있다.

문장 쓰기

발음 쓰기 [ ]

17 그는 사과 한 개를 산다.

[ ]

18 그는 사과 다섯 개를 산다.

[ ]

19 그녀는 공책 한 개를 산다.

[ ]

20 그녀는 공책 여섯 개를 산다.

[ ]

11 나는 친구 한 명이 있다.

문장 쓰기 我有一个朋友。

발음 쓰기 [Wǒ yǒu yí ge péngyou.]

12 나는 친구 두 명이 있다.

我有两个朋友。

[Wǒ yǒu liǎng ge péngyou.]

13 나는 형(오빠) 한 명이 있다.

我有一个哥哥。

[Wǒ yǒu yí ge gēge.]

14 나는 형(오빠) 세 명이 있다.

我有三个哥哥。

[Wǒ yǒu sān ge gēge.]

15 나는 문제 한 개가 있다.

我有一个问题。

[Wǒ yǒu yí ge wèntí.]

16 나는 문제 네 개가 있다.

문장 쓰기 我有四个问题。

발음 쓰기 [Wǒ yǒu sì ge wèntí.]

17 그는 사과 한 개를 산다.

他买一个苹果。

[Tā mǎi yí ge píngguǒ.]

18 그는 사과 다섯 개를 산다.

他买五个苹果。

[Tā mǎi wǔ ge píngguǒ.]

19 그녀는 공책 한 개를 산다.

她买一个本子。

[Tā mǎi yí ge běnzi.]

20 그녀는 공책 여섯 개를 산다.

她买六个本子。

[Tā mǎi liù ge běnzi.]

43강 탁자 한 개, 책 한 권

문장 구조

一 + 张 + [ ]
하나 장
yì zhāng

一 + 本 + [ ]
하나 권
yì běn

桌子	탁자	照片	사진
zhuōzi		zhàopiàn	
票	표	纸	종이
piào		zhǐ	
地图	지도	书	책
dìtú		shū	
中文书	중국어 책	词典	사전
zhōngwén shū		cídiǎn	
杂志	잡지	小说	소설
zázhì		xiǎoshuō	

一 yì	+	张 zhāng	+	桌子 zhuōzi	탁자 한 개
两 liǎng	+	张 zhāng	+	照片 zhàopiàn	사진 두 장
三 sān	+	张 zhāng	+	票 piào	표 세 장
四 sì	+	张 zhāng	+	纸 zhǐ	종이 네 장
五 wǔ	+	张 zhāng	+	地图 dìtú	지도 다섯 장
六 liù	+	本 běn	+	书 shū	책 여섯 권
七 qī	+	本 běn	+	中文书 zhōngwén shū	중국어 책 일곱 권
八 bā	+	本 běn	+	词典 cídiǎn	사전 여덟 권
九 jiǔ	+	本 běn	+	杂志 zázhì	잡지 아홉 권
十 shí	+	本 běn	+	小说 xiǎoshuō	소설 열 권

문장듣고따라하기

我买桌子。
Wǒ mǎi zhuōzi. 나는 탁자를 산다.

我买一张桌子。
Wǒ mǎi yì zhāng zhuōzi. 나는 탁자 한 개를 산다.

我买两张桌子。
Wǒ mǎi liǎng zhāng zhuōzi. 나는 탁자 두 개를 산다.

我买票。
Wǒ mǎi piào. 나는 표를 산다.

我买一张票。
Wǒ mǎi yì zhāng piào. 나는 표 한 장을 산다.

我买四张票。
Wǒ mǎi sì zhāng piào. 나는 표 네 장을 산다.

我看书。
Wǒ kàn shū. 나는 책을 본다.

我看一本书。
Wǒ kàn yì běn shū. 나는 책 한 권을 본다.

我看六本书。
Wǒ kàn liù běn shū. 나는 책 여섯 권을 본다.

他看杂志。
Tā kàn zázhì. 그는 잡지를 본다.

他看一本杂志。
Tā kàn yì běn zázhì. 그는 잡지 한 권을 본다.

他看八本杂志。
Tā kàn bā běn zázhì. 그는 잡지 여덟 권을 본다.

她看小说。
Tā kàn xiǎoshuō. 그녀는 소설을 본다.

她看一本小说。
Tā kàn yì běn xiǎoshuō. 그녀는 소설 한 권을 본다.

她看十本小说。
Tā kàn shí běn xiǎoshuō. 그녀는 소설 열 권을 본다.

배운 문장 **연습**하기

빈칸에 우리말 뜻에 맞는 중국어 문장과 발음을 써 보고, 소리 내어 읽으면서 연습해 보세요.

01 탁자 한 개

문장 쓰기

발음 쓰기 [ ]

02 사진 두 장

[ ]

03 표 세 장

[ ]

04 종이 네 장

[ ]

05 지도 다섯 장

[ ]

06 책 여섯 권

문장 쓰기

발음 쓰기 [ ]

07 중국어 책 일곱 권

[ ]

08 사전 여덟 권

[ ]

09 잡지 아홉 권

[ ]

10 소설 열 권

[ ]

01 탁자 한 개

문장 쓰기 一张桌子

발음 쓰기 [yì zhāng zhuōzi]

02 사진 두 장

两张照片

[liǎng zhāng zhàopiàn]

03 표 세 장

三张票

[sān zhāng piào]

04 종이 네 장

四张纸

[sì zhāng zhǐ]

05 지도 다섯 장

五张地图

[wǔ zhāng dìtú]

06 책 여섯 권

문장 쓰기 六本书

발음 쓰기 [liù běn shū]

07 중국어 책 일곱 권

七本中文书

[qī běn zhōngwén shū]

08 사전 여덟 권

八本词典

[bā běn cídiǎn]

09 잡지 아홉 권

九本杂志

[jiǔ běn zázhì]

10 소설 열 권

十本小说

[shí běn xiǎoshuō]

11 나는 탁자 한 개를 산다.

문장 쓰기

발음 쓰기 [ ]

12 나는 탁자 두 개를 산다.

[ ]

13 나는 표 한 장을 산다.

[ ]

14 나는 표 네 장을 산다.

[ ]

15 나는 책 한 권을 본다.

[ ]

16 나는 책 여섯 권을 본다.

문장 쓰기

발음 쓰기 [ ]

17 그는 잡지 한 권을 본다.

[ ]

18 그는 잡지 여덟 권을 본다.

[ ]

19 그녀는 소설 한 권을 본다.

[ ]

20 그녀는 소설 열 권을 본다.

[ ]

11 나는 탁자 한 개를 산다.

문장 쓰기 我买一张桌子。

발음 쓰기 [Wǒ mǎi yì zhāng zhuōzi.]

12 나는 탁자 두 개를 산다.

我买两张桌子。

[Wǒ mǎi liǎng zhāng zhuōzi.]

13 나는 표 한 장을 산다.

我买一张票。

[Wǒ mǎi yì zhāng piào.]

14 나는 표 네 장을 산다.

我买四张票。

[Wǒ mǎi sì zhāng piào.]

15 나는 책 한 권을 본다.

我看一本书。

[Wǒ kàn yì běn shū.]

16 나는 책 여섯 권을 본다.

문장 쓰기 我看六本书。

발음 쓰기 [Wǒ kàn liù běn shū.]

17 그는 잡지 한 권을 본다.

他看一本杂志。

[Tā kàn yì běn zázhì.]

18 그는 잡지 여덟 권을 본다.

他看八本杂志。

[Tā kàn bā běn zázhì.]

19 그녀는 소설 한 권을 본다.

她看一本小说。

[Tā kàn yì běn xiǎoshuō.]

20 그녀는 소설 열 권을 본다.

她看十本小说。

[Tā kàn shí běn xiǎoshuō.]

44강 물 한 잔, 옷 한 벌

문장 구조

一 + 杯 + [ ]
하나 잔
yì bēi

一 + 件 + [ ]
하나 벌
yí jiàn

水	물	牛奶	우유
shuǐ		niúnǎi	
咖啡	커피	可乐	콜라
kāfēi		kělè	
绿茶	녹차	衣服	옷
lǜchá		yīfu	
毛衣	스웨터	大衣	외투
máoyī		dàyī	
制服	제복	礼物	선물
zhìfú		lǐwù	

一 yì	+	杯 bēi	+	水 shuǐ	물 한 잔
两 liǎng	+	杯 bēi	+	牛奶 niúnǎi	우유 두 잔
三 sān	+	杯 bēi	+	咖啡 kāfēi	커피 세 잔
四 sì	+	杯 bēi	+	可乐 kělè	콜라 네 잔
五 wǔ	+	杯 bēi	+	绿茶 lǜchá	녹차 다섯 잔
一 yí	+	件 jiàn	+	衣服 yīfu	옷 한 벌
六 liù	+	件 jiàn	+	毛衣 máoyī	스웨터 여섯 벌
七 qī	+	件 jiàn	+	大衣 dàyī	외투 일곱 벌
八 bā	+	件 jiàn	+	制服 zhìfú	제복 여덟 벌
九 jiǔ	+	件 jiàn	+	礼物 lǐwù	선물 아홉 개

문장듣고따라하기

我喝咖啡。
Wǒ hē kāfēi. 나는 커피를 마신다.

我喝一杯咖啡。
Wǒ hē yì bēi kāfēi. 나는 커피 한 잔을 마신다.

我喝两杯咖啡。
Wǒ hē liǎng bēi kāfēi. 나는 커피 두 잔을 마신다.

我喝绿茶。
Wǒ hē lǜchá. 나는 녹차를 마신다.

我喝一杯绿茶。
Wǒ hē yì bēi lǜchá. 나는 녹차 한 잔을 마신다.

我喝三杯绿茶。
Wǒ hē sān bēi lǜchá. 나는 녹차 세 잔을 마신다.

我穿毛衣。
Wǒ chuān máoyī. 나는 스웨터를 입는다.

我穿一件毛衣。
Wǒ chuān yí jiàn máoyī. 나는 스웨터 한 벌을 입는다.

我穿四件毛衣。
Wǒ chuān sì jiàn máoyī. 나는 스웨터 네 벌을 입는다.

他穿大衣。

Tā chuān dàyī. 그는 외투를 입는다.

他穿一件大衣。

Tā chuān yí jiàn dàyī. 그는 외투 한 벌을 입는다.

他穿五件大衣。

Tā chuān wǔ jiàn dàyī. 그는 외투 다섯 벌을 입는다.

她买礼物。

Tā mǎi lǐwù. 그녀는 선물을 산다.

她买一件礼物。

Tā mǎi yí jiàn lǐwù. 그녀는 선물 한 개를 산다.

她买九件礼物。

Tā mǎi jiǔ jiàn lǐwù. 그녀는 선물 아홉 개를 산다.

배운 문장 연습하기

빈칸에 우리말 뜻에 맞는 중국어 문장과 발음을 써 보고,
소리 내어 읽으면서 연습해 보세요.

01 물 한 잔

문장 쓰기

발음 쓰기 [ ]

02 우유 두 잔

[ ]

03 커피 세 잔

[ ]

04 콜라 네 잔

[ ]

05 녹차 다섯 잔

[ ]

06 옷 한 벌

문장 쓰기

발음 쓰기 [ ]

07 스웨터 여섯 벌

[ ]

08 외투 일곱 벌

[ ]

09 제복 여덟 벌

[ ]

10 선물 아홉 개

[ ]

01 물 한 잔

문장 쓰기 一杯水

발음 쓰기 [yì bēi shuǐ]

02 우유 두 잔

两杯牛奶

[liǎng bēi niúnǎi]

03 커피 세 잔

三杯咖啡

[sān bēi kāfēi]

04 콜라 네 잔

四杯可乐

[sì bēi kělè]

05 녹차 다섯 잔

五杯绿茶

[wǔ bēi lǜchá]

06 옷 한 벌

문장 쓰기 一件衣服

발음 쓰기 [yí jiàn yīfu]

07 스웨터 여섯 벌

六件毛衣

[liù jiàn máoyī]

08 외투 일곱 벌

七件大衣

[qī jiàn dàyī]

09 제복 여덟 벌

八件制服

[bā jiàn zhìfú]

10 선물 아홉 개

九件礼物

[jiǔ jiàn lǐwù]

11 나는 커피 한 잔을 마신다.

문장 쓰기

발음 쓰기 [ ]

12 나는 커피 두 잔을 마신다.

[ ]

13 나는 녹차 한 잔을 마신다.

[ ]

14 나는 녹차 세 잔을 마신다.

[ ]

15 나는 스웨터 한 벌을 입는다.

[ ]

16 나는 스웨터 네 벌을 입는다.

문장 쓰기

발음 쓰기 [ ]

17 그는 외투 한 벌을 입는다.

[ ]

18 그는 외투 다섯 벌을 입는다.

[ ]

19 그녀는 선물 한 개를 산다.

[ ]

20 그녀는 선물 아홉 개를 산다.

[ ]

11 나는 커피 한 잔을 마신다.

문장 쓰기 我喝一杯咖啡。

발음 쓰기 [Wǒ hē yì bēi kāfēi.]

12 나는 커피 두 잔을 마신다.

我喝两杯咖啡。

[Wǒ hē liǎng bēi kāfēi.]

13 나는 녹차 한 잔을 마신다.

我喝一杯绿茶。

[Wǒ hē yì bēi lǜchá.]

14 나는 녹차 세 잔을 마신다.

我喝三杯绿茶。

[Wǒ hē sān bēi lǜchá.]

15 나는 스웨터 한 벌을 입는다.

我穿一件毛衣。

[Wǒ chuān yí jiàn máoyī.]

16 나는 스웨터 네 벌을 입는다.

문장 쓰기 我穿四件毛衣。

발음 쓰기 [Wǒ chuān sì jiàn máoyī.]

17 그는 외투 한 벌을 입는다.

他穿一件大衣。

[Tā chuān yí jiàn dàyī.]

18 그는 외투 다섯 벌을 입는다.

他穿五件大衣。

[Tā chuān wǔ jiàn dàyī.]

19 그녀는 선물 한 개를 산다.

她买一件礼物。

[Tā mǎi yí jiàn lǐwù.]

20 그녀는 선물 아홉 개를 산다.

她买九件礼物。

[Tā mǎi jiǔ jiàn lǐwù.]

45강 이 학생, 그 학생

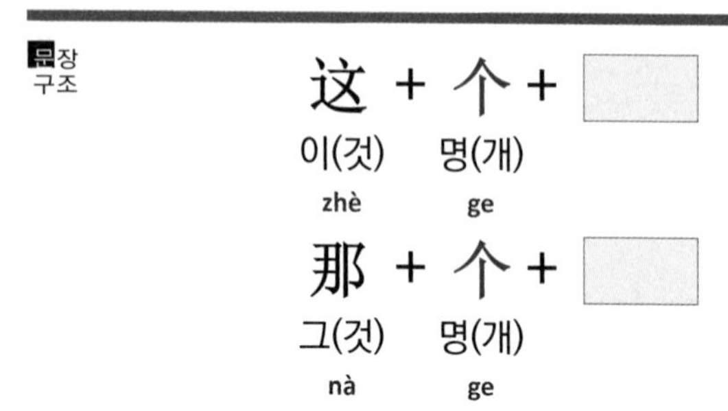

중국어 양사의 다양한 쓰임

중국어에서 양사는 수량을 나타낼 때뿐만 아니라 '이것, 저것' 등 지시의 의미를 나타낼 때에도 사용됩니다.

예문 这个学生 zhè ge xuésheng (이 학생)

那个学生 nà ge xuésheng (그 학생)

这本书 zhè běn shū (이 책)

那本书 nà běn shū (그 책)

这	이(것)	那	그(것)
zhè		nà	

这 zhè	+	个 ge	+	学生 xuésheng	이 학생
	+	个 ge	+	苹果 píngguǒ	이 사과
	+	张 zhāng	+	桌子 zhuōzi	이 탁자
	+	张 zhāng	+	照片 zhàopiàn	이 사진
	+	本 běn	+	书 shū	이 책
那 nà	+	本 běn	+	杂志 zázhì	그 잡지
	+	杯 bēi	+	牛奶 niúnǎi	그 우유
	+	杯 bēi	+	绿茶 lǜchá	그 녹차
	+	件 jiàn	+	衣服 yīfu	그 옷
	+	件 jiàn	+	礼物 lǐwù	그 선물

문장듣고따라하기

这个学生
zhè ge xuésheng　　이 학생
那个学生
nà ge xuésheng　　그 학생

这个苹果
zhè ge píngguǒ　　이 사과
那个苹果
nà ge píngguǒ　　그 사과

这张桌子
zhè zhāng zhuōzi　　이 탁자
那张桌子
nà zhāng zhuōzi　　그 탁자

这张照片
zhè zhāng zhàopiàn　　이 사진
那张照片
nà zhāng zhàopiàn　　그 사진

这本书
zhè běn shū　　이 책
那本书
nà běn shū　　그 책

这本杂志
zhè běn zázhì 이 잡지
那本杂志
nà běn zázhì 그 잡지

这杯牛奶
zhè bēi niúnǎi 이 우유
那杯牛奶
nà bēi niúnǎi 그 우유

这杯绿茶
zhè bēi lǜchá 이 녹차
那杯绿茶
nà bēi lǜchá 그 녹차

这件衣服
zhè jiàn yīfu 이 옷
那件衣服
nà jiàn yīfu 그 옷

这件礼物
zhè jiàn lǐwù 이 선물
那件礼物
nà jiàn lǐwù 그 선물

배운 문장 **연습**하기

빈칸에 우리말 뜻에 맞는 중국어 문장과 발음을 써 보고, 소리 내어 읽으면서 연습해 보세요.

01 이 학생

문장 쓰기

발음 쓰기 [ ]

02 그 학생

[ ]

03 이 사과

[ ]

04 그 사과

[ ]

05 이 탁자

[ ]

06 그 탁자

문장 쓰기

발음 쓰기 [ ]

07 이 사진

[ ]

08 그 사진

[ ]

09 이 책

[ ]

10 그 책

[ ]

01 이 학생

문장 쓰기 这个学生

발음 쓰기 [zhè ge xuésheng]

02 그 학생

那个学生

[nà ge xuésheng]

03 이 사과

这个苹果

[zhè ge píngguǒ]

04 그 사과

那个苹果

[nà ge píngguǒ]

05 이 탁자

这张桌子

[zhè zhāng zhuōzi]

06 그 탁자

문장 쓰기 那张桌子

발음 쓰기 [nà zhāng zhuōzi]

07 이 사진

这张照片

[zhè zhāng zhàopiàn]

08 그 사진

那张照片

[nà zhāng zhàopiàn]

09 이 책

这本书

[zhè běn shū]

10 그 책

那本书

[nà běn shū]

11 이 잡지

문장 쓰기

발음 쓰기 [ ]

12 그 잡지

[ ]

13 이 우유

[ ]

14 그 우유

[ ]

15 이 녹차

[ ]

16 그 녹차

문장 쓰기

발음 쓰기 [ ]

17 이 옷

[ ]

18 그 옷

[ ]

19 이 선물

[ ]

20 그 선물

[ ]

11 이 잡지

문장 쓰기 这本杂志

발음 쓰기 [zhè běn zázhì]

12 그 잡지

那本杂志

[nà běn zázhì]

13 이 우유

这杯牛奶

[zhè bēi niúnǎi]

14 그 우유

那杯牛奶

[nà bēi niúnǎi]

15 이 녹차

这杯绿茶

[zhè bēi lǜchá]

16 그 녹차

문장 쓰기 那杯绿茶

발음 쓰기 [nà bēi lǜchá]

17 이 옷

这件衣服

[zhè jiàn yīfu]

18 그 옷

那件衣服

[nà jiàn yīfu]

19 이 선물

这件礼物

[zhè jiàn lǐwù]

20 그 선물

那件礼物

[nà jiàn lǐwù]

46강 나는 이 사과를 산다

문장 구조

我 + 买 + 这 + 个 + ☐

我	买	这	个
나는	사다	이(것)	개
Wǒ	mǎi	zhè	ge

苹果	사과	书	책
píngguǒ		shū	
杂志	잡지	小说	소설
zázhì		xiǎoshuō	
咖啡	커피	可乐	콜라
kāfēi		kělè	
绿茶	녹차	毛衣	스웨터
lǜchá		máoyī	
大衣	외투	礼物	선물
dàyī		lǐwù	

我 Wǒ	买 mǎi	+	这 zhè	+	个 ge	苹果 píngguǒ	사과를 산다
我 Wǒ	看 kàn	+	那 nà	+	本 běn	书 shū	책을 본다
					本 běn	杂志 zázhì	잡지를 본다
					本 běn	小说 xiǎoshuō	소설을 본다
我 Wǒ	喝 hē				杯 bēi	咖啡 kāfēi	커피를 마신다
					杯 bēi	可乐 kělè	콜라를 마신다
					杯 bēi	绿茶 lǜchá	녹차를 마신다
我 Wǒ	穿 chuān				件 jiàn	毛衣 máoyī	스웨터를 입는다
					件 jiàn	大衣 dàyī	외투를 입는다
我 Wǒ	买 mǎi				件 jiàn	礼物 lǐwù	선물을 산다

문장듣고따라하기

我买苹果。
Wǒ mǎi píngguǒ. 나는 사과를 산다.

我买这个苹果。
Wǒ mǎi zhè ge píngguǒ. 나는 이 사과를 산다.

我买那个苹果。
Wǒ mǎi nà ge píngguǒ. 나는 그 사과를 산다.

我看书。
Wǒ kàn shū. 나는 책을 본다.

我看这本书。
Wǒ kàn zhè běn shū. 나는 이 책을 본다.

我看那本书。
Wǒ kàn nà běn shū. 나는 그 책을 본다.

我看杂志。
Wǒ kàn zázhì. 나는 잡지를 본다.

我看这本杂志。
Wǒ kàn zhè běn zázhì. 나는 이 잡지를 본다.

我看那本杂志。
Wǒ kàn nà běn zázhì. 나는 그 잡지를 본다.

我看小说。
Wǒ kàn xiǎoshuō. 나는 소설을 본다.

我看这本小说。
Wǒ kàn zhè běn xiǎoshuō. 나는 이 소설을 본다.

我看那本小说。
Wǒ kàn nà běn xiǎoshuō. 나는 그 소설을 본다.

我喝咖啡。
Wǒ hē kāfēi. 나는 커피를 마신다.

我喝这杯咖啡。
Wǒ hē zhè bēi kāfēi. 나는 이 커피를 마신다.

我喝那杯咖啡。
Wǒ hē nà bēi kāfēi. 나는 그 커피를 마신다.

我喝可乐。
Wǒ hē kělè. 나는 콜라를 마신다.

我喝这杯可乐。
Wǒ hē zhè bēi kělè. 나는 이 콜라를 마신다.

我喝那杯可乐。
Wǒ hē nà bēi kělè. 나는 그 콜라를 마신다.

문장듣고따라하기

我喝绿茶。
Wǒ hē lǜchá. 나는 녹차를 마신다.

我喝这杯绿茶。
Wǒ hē zhè bēi lǜchá. 나는 이 녹차를 마신다.

我喝那杯绿茶。
Wǒ hē nà bēi lǜchá. 나는 그 녹차를 마신다.

我穿毛衣。
Wǒ chuān máoyī. 나는 스웨터를 입는다.

我穿这件毛衣。
Wǒ chuān zhè jiàn máoyī. 나는 이 스웨터를 입는다.

我穿那件毛衣。
Wǒ chuān nà jiàn máoyī. 나는 그 스웨터를 입는다.

我穿大衣。
Wǒ chuān dàyī. 나는 외투를 입는다.

我穿这件大衣。
Wǒ chuān zhè jiàn dàyī. 나는 이 외투를 입는다.

我穿那件大衣。
Wǒ chuān nà jiàn dàyī. 나는 그 외투를 입는다.

我买礼物。
Wǒ mǎi lǐwù. 나는 선물을 산다.

我买这件礼物。
Wǒ mǎi zhè jiàn lǐwù. 나는 이 선물을 산다.

我买那件礼物。
Wǒ mǎi nà jiàn lǐwù. 나는 그 선물을 산다.

배운 문장 연습하기

빈칸에 우리말 뜻에 맞는 중국어 문장과 발음을 써 보고,
소리 내어 읽으면서 연습해 보세요.

01 나는 이 사과를 산다.

문장 쓰기

발음 쓰기 [ ]

02 나는 그 사과를 산다.

[ ]

03 나는 이 책을 본다.

[ ]

04 나는 그 책을 본다.

[ ]

05 나는 이 잡지를 본다.

[ ]

06 나는 그 잡지를 본다.

문장 쓰기

발음 쓰기 [ ]

07 나는 이 소설을 본다.

[ ]

08 나는 그 소설을 본다.

[ ]

09 나는 이 커피를 마신다.

[ ]

10 나는 그 커피를 마신다.

[ ]

01 나는 이 사과를 산다.

문장 쓰기 我买这个苹果。

발음 쓰기 [Wǒ mǎi zhè ge píngguǒ.]

02 나는 그 사과를 산다.

我买那个苹果。

[Wǒ mǎi nà ge píngguǒ.]

03 나는 이 책을 본다.

我看这本书。

[Wǒ kàn zhè běn shū.]

04 나는 그 책을 본다.

我看那本书。

[Wǒ kàn nà běn shū.]

05 나는 이 잡지를 본다.

我看这本杂志。

[Wǒ kàn zhè běn zázhì.]

06 나는 그 잡지를 본다.

문장 쓰기 我看那本杂志。

발음 쓰기 [Wǒ kàn nà běn zázhì.]

07 나는 이 소설을 본다.

我看这本小说。

[Wǒ kàn zhè běn xiǎoshuō.]

08 나는 그 소설을 본다.

我看那本小说。

[Wǒ kàn nà běn xiǎoshuō.]

09 나는 이 커피를 마신다.

我喝这杯咖啡。

[Wǒ hē zhè bēi kāfēi.]

10 나는 그 커피를 마신다.

我喝那杯咖啡。

[Wǒ hē nà bēi kāfēi.]

11 나는 이 콜라를 마신다.

문장 쓰기

발음 쓰기 [ ]

12 나는 그 콜라를 마신다.

[ ]

13 나는 이 녹차를 마신다.

[ ]

14 나는 그 녹차를 마신다.

[ ]

15 나는 이 스웨터를 입는다.

[ ]

16 나는 그 스웨터를 입는다.

문장 쓰기

발음 쓰기 [ ]

17 나는 이 외투를 입는다.

[ ]

18 나는 그 외투를 입는다.

[ ]

19 나는 이 선물을 산다.

[ ]

20 나는 그 선물을 산다.

[ ]

11 나는 이 콜라를 마신다.

문장 쓰기 我喝这杯可乐。

발음 쓰기 [Wǒ hē zhè bēi kělè.]

12 나는 그 콜라를 마신다.

我喝那杯可乐。

[Wǒ hē nà bēi kělè.]

13 나는 이 녹차를 마신다.

我喝这杯绿茶。

[Wǒ hē zhè bēi lǜchá.]

14 나는 그 녹차를 마신다.

我喝那杯绿茶。

[Wǒ hē nà bēi lǜchá.]

15 나는 이 스웨터를 입는다.

我穿这件毛衣。

[Wǒ chuān zhè jiàn máoyī.]

16 나는 그 스웨터를 입는다.

문장 쓰기 我穿那件毛衣。

발음 쓰기 [Wǒ chuān nà jiàn máoyī.]

17 나는 이 외투를 입는다.

我穿这件大衣。

[Wǒ chuān zhè jiàn dàyī.]

18 나는 그 외투를 입는다.

我穿那件大衣。

[Wǒ chuān nà jiàn dàyī.]

19 나는 이 선물을 산다.

我买这件礼物。

[Wǒ mǎi zhè jiàn lǐwù.]

20 나는 그 선물을 산다.

我买那件礼物。

[Wǒ mǎi nà jiàn lǐwù.]

47강 나의 이름

문장 구조

我 + 的 + ☐

나 ~의

wǒ de

소유의 의미 '的(de)'

중국어에서 소유의 의미를 나타낼 때에는 的(de)를 붙여 줍니다.

예문 我的书 wǒ de shū (나의 책)

的	~의	眼镜	안경
de		yǎnjìng	
帽子	모자	钱包	지갑
màozi		qiánbāo	
电话号码	전화번호	同事	동료
diànhuàhàomǎ		tóngshì	
爷爷	할아버지	奶奶	할머니
yéye		nǎinai	

我 + 的 +
wǒ de

名字	míngzi	나의 이름
手机	shǒujī	나의 휴대전화
衣服	yīfu	나의 옷
眼镜	yǎnjìng	나의 안경
帽子	màozi	나의 모자
钱包	qiánbāo	나의 지갑
电话号码	diànhuàhàomǎ	나의 전화번호
同事	tóngshì	나의 동료
爷爷	yéye	나의 할아버지
奶奶	nǎinai	나의 할머니

문장듣고따라하기

我的名字
wǒ de míngzi　　나의 이름

我的手机
wǒ de shǒujī　　나의 휴대전화

我的衣服
wǒ de yīfu　　나의 옷

我的眼镜
wǒ de yǎnjìng　　나의 안경

我的帽子
wǒ de màozi　　나의 모자

我的钱包
wǒ de qiánbāo　　나의 지갑

我的电话号码
wǒ de diànhuàhàomǎ　　나의 전화번호

我的同事
wǒ de tóngshì　　나의 동료

我的爷爷
wǒ de yéye　　나의 할아버지

我的奶奶
wǒ de nǎinai　　나의 할머니

你的雨伞
nǐ de yǔsǎn 너의 우산

你的椅子
nǐ de yǐzi 너의 의자

他的行李
tā de xíngli 그의 짐

他的词典
tā de cídiǎn 그의 사전

她的照片
tā de zhàopiàn 그녀의 사진

她的画儿
tā de huàr 그녀의 그림

朋友的书
péngyou de shū 친구의 책

爸爸的裤子
bàba de kùzi 아빠의 바지

妈妈的裙子
māma de qúnzi 엄마의 치마

弟弟的礼物
dìdi de lǐwù 남동생의 선물

배운 문장 **연습**하기

빈칸에 우리말 뜻에 맞는 중국어 문장과 발음을 써 보고,
소리 내어 읽으면서 연습해 보세요.

01 나의 이름

문장 쓰기

발음 쓰기 [ ]

02 나의 휴대전화

[ ]

03 나의 옷

[ ]

04 나의 안경

[ ]

05 나의 모자

[ ]

06 나의 지갑

문장 쓰기

발음 쓰기 [ ]

07 나의 전화번호

[ ]

08 나의 동료

[ ]

09 나의 할아버지

[ ]

10 나의 할머니

[ ]

01 나의 이름

문장 쓰기 我的名字

발음 쓰기 [wǒ de míngzi]

02 나의 휴대전화

我的手机

[wǒ de shǒujī]

03 나의 옷

我的衣服

[wǒ de yīfu]

04 나의 안경

我的眼镜

[wǒ de yǎnjìng]

05 나의 모자

我的帽子

[wǒ de màozi]

06 나의 지갑

문장 쓰기 我的钱包

발음 쓰기 [wǒ de qiánbāo]

07 나의 전화번호

我的电话号码

[wǒ de diànhuàhàomǎ]

08 나의 동료

我的同事

[wǒ de tóngshì]

09 나의 할아버지

我的爷爷

[wǒ de yéye]

10 나의 할머니

我的奶奶

[wǒ de nǎinai]

11 너의 우산

문장 쓰기

발음 쓰기 [ ]

12 너의 의자

[ ]

13 그의 짐

[ ]

14 그의 사전

[ ]

15 그녀의 사진

[ ]

16 그녀의 그림

문장 쓰기

발음 쓰기 [ ]

17 친구의 책

[ ]

18 아빠의 바지

[ ]

19 엄마의 치마

[ ]

20 남동생의 선물

[ ]

11 너의 우산

문장 쓰기 你的雨伞

발음 쓰기 [nǐ de yǔsǎn]

12 너의 의자

你的椅子

[nǐ de yǐzi]

13 그의 짐

他的行李

[tā de xíngli]

14 그의 사전

他的词典

[tā de cídiǎn]

15 그녀의 사진

她的照片

[tā de zhàopiàn]

16 그녀의 그림

문장 쓰기 她的画儿

발음 쓰기 [tā de huàr]

17 친구의 책

朋友的书

[péngyou de shū]

18 아빠의 바지

爸爸的裤子

[bàba de kùzi]

19 엄마의 치마

妈妈的裙子

[māma de qúnzi]

20 남동생의 선물

弟弟的礼物

[dìdi de lǐwù]

48강 이것은 나의 안경이다

문장 구조

这 + 是 + 我的 + ☐
이것은 ~이다 나의
Zhè shì wǒ de

眼镜	안경	钱包	지갑
yǎnjìng		qiánbāo	
同事	동료	生日	생일
tóngshì		shēngrì	
书	책	杂志	잡지
shū		zázhì	
情况	상황	名字	이름
qíngkuàng		míngzi	
面包	빵	鞋	신발
miànbāo		xié	

这 Zhè	是 shì	+ 我的 + wǒ de	眼镜 yǎnjìng	나의 안경이다
那 Nà	是 shì		钱包 qiánbāo	나의 지갑이다
他 Tā	是 shì		同事 tóngshì	나의 동료이다
今天 Jīntiān	是 shì		生日 shēngrì	나의 생일이다
我 Wǒ	看 kàn		书 shū	나의 책을 본다
我 Wǒ	看 kàn		杂志 zázhì	나의 잡지를 본다
我 Wǒ	说 shuō		情况 qíngkuàng	나의 상황을 말한다
我 Wǒ	写 xiě		名字 míngzi	나의 이름을 쓴다
我 Wǒ	吃 chī		面包 miànbāo	나의 빵을 먹는다
我 Wǒ	穿 chuān		鞋 xié	나의 신발을 신는다

문장듣고따라하기

这是我的眼镜。
Zhè shì wǒ de yǎnjìng. 이것은 나의 안경이다.
那是你的眼镜。
Nà shì nǐ de yǎnjìng. 그것은 너의 안경이다.

这是我的钱包。
Zhè shì wǒ de qiánbāo. 이것은 나의 지갑이다.
那是你的钱包。
Nà shì nǐ de qiánbāo. 그것은 너의 지갑이다.

他是我的同事。
Tā shì wǒ de tóngshì. 그는 나의 동료이다.
她是你的同事。
Tā shì nǐ de tóngshì. 그녀는 너의 동료이다.

今天是我的生日。
Jīntiān shì wǒ de shēngrì. 오늘은 나의 생일이다.
明天是你的生日。
Míngtiān shì nǐ de shēngrì. 내일은 너의 생일이다.

我看我的书。
Wǒ kàn wǒ de shū. 나는 나의 책을 본다.
你看他的书。
Nǐ kàn tā de shū. 너는 그의 책을 본다.

我看我的杂志。
Wǒ kàn wǒ de zázhì. 나는 나의 잡지를 본다.
你看她的杂志。
Nǐ kàn tā de zázhì. 너는 그녀의 잡지를 본다.

我说我的情况。
Wǒ shuō wǒ de qíngkuàng. 나는 나의 상황을 말한다.
他说你的情况。
Tā shuō nǐ de qíngkuàng. 그는 너의 상황을 말한다.

我写我的名字。
Wǒ xiě wǒ de míngzi. 나는 나의 이름을 쓴다.
她写朋友的名字。
Tā xiě péngyou de míngzi. 그녀는 친구의 이름을 쓴다.

我吃我的面包。
Wǒ chī wǒ de miànbāo. 나는 나의 빵을 먹는다.
哥哥吃弟弟的面包。
Gēge chī dìdi de miànbāo. 형은 남동생의 빵을 먹는다.

我穿我的鞋。
Wǒ chuān wǒ de xié. 나는 나의 신발을 신는다.
姐姐穿妹妹的鞋。
Jiějie chuān mèimei de xié. 언니는 여동생의 신발을 신는다.

배운 문장 연습하기

빈칸에 우리말 뜻에 맞는 중국어 문장과 발음을 써 보고,
소리 내어 읽으면서 연습해 보세요.

01 이것은 나의 안경이다.

문장 쓰기

발음 쓰기 [ ]

02 그것은 너의 안경이다.

[ ]

03 이것은 나의 지갑이다.

[ ]

04 그것은 너의 지갑이다.

[ ]

05 그는 나의 동료이다.

[ ]

06 그녀는 너의 동료이다.

문장 쓰기

발음 쓰기 [ ]

07 오늘은 나의 생일이다.

[ ]

08 내일은 너의 생일이다.

[ ]

09 나는 나의 책을 본다.

[ ]

10 너는 그의 책을 본다.

[ ]

01 이것은 나의 안경이다.

문장 쓰기 这是我的眼镜。

발음 쓰기 [Zhè shì wǒ de yǎnjìng.]

02 그것은 너의 안경이다.

那是你的眼镜。

[Nà shì nǐ de yǎnjìng.]

03 이것은 나의 지갑이다.

这是我的钱包。

[Zhè shì wǒ de qiánbāo.]

04 그것은 너의 지갑이다.

那是你的钱包。

[Nà shì nǐ de qiánbāo.]

05 그는 나의 동료이다.

他是我的同事。

[Tā shì wǒ de tóngshì.]

06 그녀는 너의 동료이다.

문장 쓰기 她是你的同事。

발음 쓰기 [Tā shì nǐ de tóngshì.]

07 오늘은 나의 생일이다.

今天是我的生日。

[Jīntiān shì wǒ de shēngrì.]

08 내일은 너의 생일이다.

明天是你的生日。

[Míngtiān shì nǐ de shēngrì.]

09 나는 나의 책을 본다.

我看我的书。

[Wǒ kàn wǒ de shū.]

10 너는 그의 책을 본다.

你看他的书。

[Nǐ kàn tā de shū.]

11 나는 나의 잡지를 본다.

문장 쓰기

발음 쓰기 [ ]

12 너는 그녀의 잡지를 본다.

[ ]

13 나는 나의 상황을 말한다.

[ ]

14 그는 너의 상황을 말한다.

[ ]

15 나는 나의 이름을 쓴다.

[ ]

16 그녀는 친구의 이름을 쓴다.

문장 쓰기

발음 쓰기 [ ]

17 나는 나의 빵을 먹는다.

[ ]

18 형은 남동생의 빵을 먹는다.

[ ]

19 나는 나의 신발을 신는다.

[ ]

20 언니는 여동생의 신발을 신는다.

[ ]

11 나는 나의 잡지를 본다.

문장 쓰기 我看我的杂志。

발음 쓰기 [Wǒ kàn wǒ de zázhì.]

12 너는 그녀의 잡지를 본다.

你看她的杂志。

[Nǐ kàn tā de zázhì.]

13 나는 나의 상황을 말한다.

我说我的情况。

[Wǒ shuō wǒ de qíngkuàng.]

14 그는 너의 상황을 말한다.

他说你的情况。

[Tā shuō nǐ de qíngkuàng.]

15 나는 나의 이름을 쓴다.

我写我的名字。

[Wǒ xiě wǒ de míngzi.]

16 그녀는 친구의 이름을 쓴다.

문장 쓰기 她写朋友的名字。

발음 쓰기 [Tā xiě péngyou de míngzi.]

17 나는 나의 빵을 먹는다.

我吃我的面包。

[Wǒ chī wǒ de miànbāo.]

18 형은 남동생의 빵을 먹는다.

哥哥吃弟弟的面包。

[Gēge chī dìdi de miànbāo.]

19 나는 나의 신발을 신는다.

我穿我的鞋。

[Wǒ chuān wǒ de xié.]

20 언니는 여동생의 신발을 신는다.

姐姐穿妹妹的鞋。

[Jiějie chuān mèimei de xié.]

〈 복습강 〉

정답

我有 ______ 妹妹。

Wǒ yǒu ______ mèimei.

나는 여동생이 두 명 있다.

两个
liǎng ge

她买 ______ 票。

Tā mǎi ______ piào.

그녀는 표 일곱 장을 산다.

七张
qī zhāng

他看 ______ 书。

Tā kàn ______ shū.

그는 책 한 권을 본다.

一本
yì běn

______

나는 녹차 네 잔을 마신다.

我喝四杯绿茶。
Wǒ hē sì bēi lǜchá.

______

나는 외투 한 벌을 입는다.

我穿一件大衣。
Wǒ chuān yí jiàn dàyī.

정답

他买 ______ 礼物。

Tā mǎi ______ lǐwù.

그는 이 선물을 산다.

这件
zhè jiàn

这是 ______ 手机。

Zhè shì ______ shǒujī.

이것은 나의 휴대전화이다.

我的
wǒ de

明天是 ______ 生日。

Míngtiān shì ______ shēngrì.

내일은 그녀의 생일이다.

她的
tā de

______

그녀는 나의 친구이다.

她是我的朋友。
Tā shì wǒ de péngyou.

______

나는 남동생의 신발을 신는다.

我穿弟弟的鞋。
Wǒ chuān dìdi de xié.

중국어 진행형, 과거형 중국어 형용사 문장 연습하기

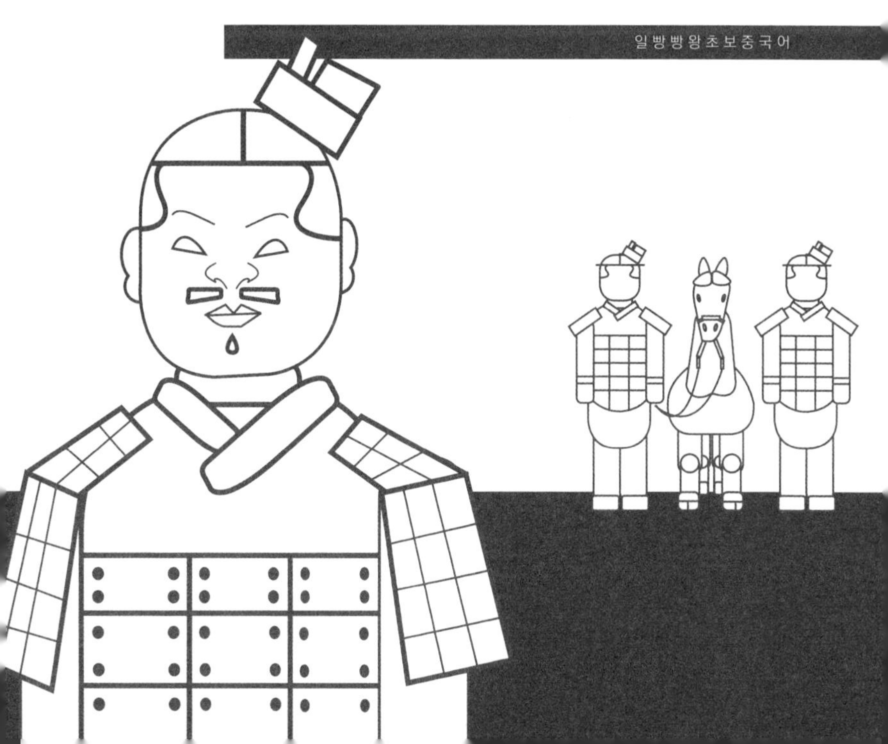

49강 나는 책을 보고 있다

문장 구조

我	+	在	+	看	+	
나는		~하고 있다		보다		
Wǒ		zài		kàn		

진행형을 나타내는 '在(zài)'

중국어에서 '~하고 있다'라는 의미의 진행형을 나타낼 때에는 동사 앞에 在(zài)를 붙여 줍니다.

예문 我在看书。Wǒ zài kàn shū. (나는 책을 보고 있다.)

我在听音乐。Wǒ zài tīng yīnyuè. (나는 음악을 듣고 있다.)

在	~하고 있다	中文书	중국어 책
zài		zhōngwén shū	
电影	영화	电视剧	드라마
diànyǐng		diànshìjù	
外国音乐	외국 음악	汉语课	중국어 수업
wàiguó yīnyuè		Hànyǔ kè	

我 + 在 + 看 Wǒ zài kàn		
	书 shū	책을 보고 있다
	中文书 zhōngwén shū	중국어 책을 보고 있다
	报纸 bàozhǐ	신문을 보고 있다
	电影 diànyǐng	영화를 보고 있다
	电视 diànshì	텔레비전을 보고 있다
	电视剧 diànshìjù	드라마를 보고 있다
	杂志 zázhì	잡지를 보고 있다

我 + 在 + 听 Wǒ zài tīng		
	音乐 yīnyuè	음악을 듣고 있다
	外国音乐 wàiguó yīnyuè	외국 음악을 듣고 있다
	汉语课 Hànyǔ kè	중국어 수업을 듣고 있다

문장듣고따라하기

我看书。
Wǒ kàn shū. 나는 책을 본다.
我在看书。
Wǒ zài kàn shū. 나는 책을 보고 있다.

我看中文书。
Wǒ kàn zhōngwén shū. 나는 중국어 책을 본다.
我在看中文书。
Wǒ zài kàn zhōngwén shū. 나는 중국어 책을 보고 있다.

我看报纸。
Wǒ kàn bàozhǐ. 나는 신문을 본다.
我在看报纸。
Wǒ zài kàn bàozhǐ. 나는 신문을 보고 있다.

我看电影。
Wǒ kàn diànyǐng. 나는 영화를 본다.
我在看电影。
Wǒ zài kàn diànyǐng. 나는 영화를 보고 있다.

我看电视。
Wǒ kàn diànshì. 나는 텔레비전을 본다.
我在看电视。
Wǒ zài kàn diànshì. 나는 텔레비전을 보고 있다.

我看电视剧。

Wǒ kàn diànshìjù. 나는 드라마를 본다.

我在看电视剧。

Wǒ zài kàn diànshìjù. 나는 드라마를 보고 있다.

我看杂志。

Wǒ kàn zázhì. 나는 잡지를 본다.

我在看杂志。

Wǒ zài kàn zázhì. 나는 잡지를 보고 있다.

我听音乐。

Wǒ tīng yīnyuè. 나는 음악을 듣는다.

我在听音乐。

Wǒ zài tīng yīnyuè. 나는 음악을 듣고 있다.

我听外国音乐。

Wǒ tīng wàiguó yīnyuè. 나는 외국 음악을 듣는다.

我在听外国音乐。

Wǒ zài tīng wàiguó yīnyuè. 나는 외국 음악을 듣고 있다.

我听汉语课。

Wǒ tīng Hànyǔ kè. 나는 중국어 수업을 듣는다.

我在听汉语课。

Wǒ zài tīng Hànyǔ kè. 나는 중국어 수업을 듣고 있다.

배운 문장 연습하기

빈칸에 우리말 뜻에 맞는 중국어 문장과 발음을 써 보고,
소리 내어 읽으면서 연습해 보세요.

01 나는 책을 본다.

문장 쓰기

발음 쓰기 [ ]

02 나는 책을 보고 있다.

[ ]

03 나는 중국어 책을 본다.

[ ]

04 나는 중국어 책을 보고 있다.

[ ]

05 나는 신문을 본다.

[ ]

06 나는 신문을 보고 있다.

문장 쓰기

발음 쓰기 [ ]

07 나는 영화를 본다.

[ ]

08 나는 영화를 보고 있다.

[ ]

09 나는 텔레비전을 본다.

[ ]

10 나는 텔레비전을 보고 있다.

[ ]

01 나는 책을 본다.

문장 쓰기 我看书。

발음 쓰기 [Wǒ kàn shū.]

02 나는 책을 보고 있다.

我在看书。

[Wǒ zài kàn shū.]

03 나는 중국어 책을 본다.

我看中文书。

[Wǒ kàn zhōngwén shū.]

04 나는 중국어 책을 보고 있다.

我在看中文书。

[Wǒ zài kàn zhōngwén shū.]

05 나는 신문을 본다.

我看报纸。

[Wǒ kàn bàozhǐ.]

06 나는 신문을 보고 있다.

문장 쓰기 我在看报纸。

발음 쓰기 [Wǒ zài kàn bàozhǐ.]

07 나는 영화를 본다.

我看电影。

[Wǒ kàn diànyǐng.]

08 나는 영화를 보고 있다.

我在看电影。

[Wǒ zài kàn diànyǐng.]

09 나는 텔레비전을 본다.

我看电视。

[Wǒ kàn diànshì.]

10 나는 텔레비전을 보고 있다.

我在看电视。

[Wǒ zài kàn diànshì.]

11 나는 드라마를 본다.

문장 쓰기

발음 쓰기 [ ]

12 나는 드라마를 보고 있다.

[ ]

13 나는 잡지를 본다.

[ ]

14 나는 잡지를 보고 있다.

[ ]

15 나는 음악을 듣는다.

[ ]

16 나는 음악을 듣고 있다.

문장 쓰기

발음 쓰기 [ ]

17 나는 외국 음악을 듣는다.

[ ]

18 나는 외국 음악을 듣고 있다.

[ ]

19 나는 중국어 수업을 듣는다.

[ ]

20 나는 중국어 수업을 듣고 있다.

[ ]

11 나는 드라마를 본다.

문장 쓰기 我看电视剧。

발음 쓰기 [Wǒ kàn diànshìjù.]

12 나는 드라마를 보고 있다.

我在看电视剧。

[Wǒ zài kàn diànshìjù.]

13 나는 잡지를 본다.

我看杂志。

[Wǒ kàn zázhì.]

14 나는 잡지를 보고 있다.

我在看杂志。

[Wǒ zài kàn zázhì.]

15 나는 음악을 듣는다.

我听音乐。

[Wǒ tīng yīnyuè.]

16 나는 음악을 듣고 있다.

문장 쓰기 我在听音乐。

발음 쓰기 [Wǒ zài tīng yīnyuè.]

17 나는 외국 음악을 듣는다.

我听外国音乐。

[Wǒ tīng wàiguó yīnyuè.]

18 나는 외국 음악을 듣고 있다.

我在听外国音乐。

[Wǒ zài tīng wàiguó yīnyuè.]

19 나는 중국어 수업을 듣는다.

我听汉语课。

[Wǒ tīng Hànyǔ kè.]

20 나는 중국어 수업을 듣고 있다.

我在听汉语课。

[Wǒ zài tīng Hànyǔ kè.]

50강 나는 저녁밥을 먹고 있다

문장 구조

我 + 在 + 吃 + [ ]

나는 ~하고 있다 먹다

Wǒ zài chī

晚饭	저녁밥	面条	국수
wǎnfàn		miàntiáo	
面包	빵	梨	배
miànbāo		lí	
水	물	绿茶	녹차
shuǐ		lǜchá	
做	하다	饭	밥
zuò		fàn	
菜	요리	作业	숙제
cài		zuòyè	

我 Wǒ	+	在 zài	+	吃 chī		晚饭 wǎnfàn	저녁밥을 먹고 있다
						面条 miàntiáo	국수를 먹고 있다
						面包 miànbāo	빵을 먹고 있다
						梨 lí	배를 먹고 있다
我 Wǒ	+	在 zài	+	喝 hē		水 shuǐ	물을 마시고 있다
						牛奶 niúnǎi	우유를 마시고 있다
						绿茶 lǜchá	녹차를 마시고 있다
我 Wǒ	+	在 zài	+	做 zuò		饭 fàn	밥을 하고 있다
						菜 cài	요리를 하고 있다
						作业 zuòyè	숙제를 하고 있다

문장듣고따라하기

我吃晚饭。
Wǒ chī wǎnfàn. 나는 저녁밥을 먹는다.
我在吃晚饭。
Wǒ zài chī wǎnfàn. 나는 저녁밥을 먹고 있다.

我吃面条。
Wǒ chī miàntiáo. 나는 국수를 먹는다.
我在吃面条。
Wǒ zài chī miàntiáo. 나는 국수를 먹고 있다.

我吃面包。
Wǒ chī miànbāo. 나는 빵을 먹는다.
我在吃面包。
Wǒ zài chī miànbāo. 나는 빵을 먹고 있다.

我吃梨。
Wǒ chī lí. 나는 배를 먹는다.
我在吃梨。
Wǒ zài chī lí. 나는 배를 먹고 있다.

我喝水。
Wǒ hē shuǐ. 나는 물을 마신다.
我在喝水。
Wǒ zài hē shuǐ. 나는 물을 마시고 있다.

我喝牛奶。

Wǒ hē niúnǎi. 나는 우유를 마신다.

我在喝牛奶。

Wǒ zài hē niúnǎi. 나는 우유를 마시고 있다.

我喝绿茶。

Wǒ hē lǜchá. 나는 녹차를 마신다.

我在喝绿茶。

Wǒ zài hē lǜchá. 나는 녹차를 마시고 있다.

我做饭。

Wǒ zuò fàn. 나는 밥을 한다.

我在做饭。

Wǒ zài zuò fàn. 나는 밥을 하고 있다.

我做菜。

Wǒ zuò cài. 나는 요리를 한다.

我在做菜。

Wǒ zài zuò cài. 나는 요리를 하고 있다.

我做作业。

Wǒ zuò zuòyè. 나는 숙제를 한다.

我在做作业。

Wǒ zài zuò zuòyè. 나는 숙제를 하고 있다.

배운 문장 **연습**하기

빈칸에 우리말 뜻에 맞는 중국어 문장과 발음을 써 보고,
소리 내어 읽으면서 연습해 보세요.

01 나는 저녁밥을 먹는다.

문장 쓰기

발음 쓰기 [ ]

02 나는 저녁밥을 먹고 있다.

[ ]

03 나는 국수를 먹는다.

[ ]

04 나는 국수를 먹고 있다.

[ ]

05 나는 빵을 먹는다.

[ ]

06 나는 빵을 먹고 있다.

문장 쓰기

발음 쓰기 [ ]

07 나는 배를 먹는다.

[ ]

08 나는 배를 먹고 있다.

[ ]

09 나는 물을 마신다.

[ ]

10 나는 물을 마시고 있다.

[ ]

01 나는 저녁밥을 먹는다.

문장 쓰기 我吃晚饭。

발음 쓰기 [Wǒ chī wǎnfàn.]

02 나는 저녁밥을 먹고 있다.

我在吃晚饭。

[Wǒ zài chī wǎnfàn.]

03 나는 국수를 먹는다.

我吃面条。

[Wǒ chī miàntiáo.]

04 나는 국수를 먹고 있다.

我在吃面条。

[Wǒ zài chī miàntiáo.]

05 나는 빵을 먹는다.

我吃面包。

[Wǒ chī miànbāo.]

06 나는 빵을 먹고 있다.

문장 쓰기 我在吃面包。

발음 쓰기 [Wǒ zài chī miànbāo.]

07 나는 배를 먹는다.

我吃梨。

[Wǒ chī lí.]

08 나는 배를 먹고 있다.

我在吃梨。

[Wǒ zài chī lí.]

09 나는 물을 마신다.

我喝水。

[Wǒ hē shuǐ.]

10 나는 물을 마시고 있다.

我在喝水。

[Wǒ zài hē shuǐ.]

11 나는 우유를 마신다.

문장 쓰기

발음 쓰기 [ ]

12 나는 우유를 마시고 있다.

[ ]

13 나는 녹차를 마신다.

[ ]

14 나는 녹차를 마시고 있다.

[ ]

15 나는 밥을 한다.

[ ]

16 나는 밥을 하고 있다.

문장 쓰기

발음 쓰기 [ ]

17 나는 요리를 한다.

[ ]

18 나는 요리를 하고 있다.

[ ]

19 나는 숙제를 한다.

[ ]

20 나는 숙제를 하고 있다.

[ ]

11 나는 우유를 마신다.

문장 쓰기 我喝牛奶。

발음 쓰기 [Wǒ hē niúnǎi.]

12 나는 우유를 마시고 있다.

我在喝牛奶。

[Wǒ zài hē niúnǎi.]

13 나는 녹차를 마신다.

我喝绿茶。

[Wǒ hē lǜchá.]

14 나는 녹차를 마시고 있다.

我在喝绿茶。

[Wǒ zài hē lǜchá.]

15 나는 밥을 한다.

我做饭。

[Wǒ zuò fàn.]

16 나는 밥을 하고 있다.

문장 쓰기 我在做饭。

발음 쓰기 [Wǒ zài zuò fàn.]

17 나는 요리를 한다.

我做菜。

[Wǒ zuò cài.]

18 나는 요리를 하고 있다.

我在做菜。

[Wǒ zài zuò cài.]

19 나는 숙제를 한다.

我做作业。

[Wǒ zuò zuòyè.]

20 나는 숙제를 하고 있다.

我在做作业。

[Wǒ zài zuò zuòyè.]

51강 나는 책 한 권을 보고 있다

문장 구조

我	+	在	+	看	+	[ ]	+	书
나는		~하고 있다		보다				책
Wǒ		zài		kàn				shū

书	책	朋友	친구
shū		péngyou	
小说	소설	英国	영국
xiǎoshuō		Yīngguó	
杂志	잡지	电影	영화
zázhì		diànyǐng	
菜	요리	中国菜	중국 요리
cài		zhōngguócài	
咖啡	커피	美式咖啡	아메리카노 커피
kāfēi		měishì kāfēi	

我 + 在 + 看 书
Wǒ zài kàn shū — 책을 보고 있다

一本 + 书
yì běn shū — 책 한 권을 보고 있다

这本 + 书
zhè běn shū — 이 책을 보고 있다

朋友的 + 书
péngyou de shū — 친구의 책을 보고 있다

我 + 在 + 做
Wǒ zài zuò

문장듣고따라하기

我在看书。
Wǒ zài kàn shū. 나는 책을 보고 있다.

我在看一本书。
Wǒ zài kàn yì běn shū. 나는 책 한 권을 보고 있다.

我在看这本书。
Wǒ zài kàn zhè běn shū. 나는 이 책을 보고 있다.

我在看朋友的书。
Wǒ zài kàn péngyou de shū. 나는 친구의 책을 보고 있다.

我在看小说。
Wǒ zài kàn xiǎoshuō. 나는 소설을 보고 있다.

我在看一本小说。
Wǒ zài kàn yì běn xiǎoshuō. 나는 소설 한 권을 보고 있다.

我在看这本小说。
Wǒ zài kàn zhè běn xiǎoshuō. 나는 이 소설을 보고 있다.

我在看英国小说。
Wǒ zài kàn Yīngguó xiǎoshuō. 나는 영국 소설을 보고 있다.

我在看杂志。
Wǒ zài kàn zázhì. 나는 잡지를 보고 있다.

我在看一本杂志。
Wǒ zài kàn yì běn zázhì. 나는 잡지 한 권을 보고 있다.

我在看这本杂志。

Wǒ zài kàn zhè běn zázhì. 나는 이 잡지를 보고 있다.

我在看电影杂志。

Wǒ zài kàn diànyǐng zázhì. 나는 영화 잡지를 보고 있다.

我在做菜。

Wǒ zài zuò cài. 나는 요리를 하고 있다.

我在做两个菜。

Wǒ zài zuò liǎng ge cài. 나는 요리 두 개를 하고 있다.

我在做这个菜。

Wǒ zài zuò zhè ge cài. 나는 이 요리를 하고 있다.

我在做中国菜。

Wǒ zài zuò zhōngguócài. 나는 중국 요리를 하고 있다.

我在喝咖啡。

Wǒ zài hē kāfēi. 나는 커피를 마시고 있다.

我在喝一杯咖啡。

Wǒ zài hē yì bēi kāfēi. 나는 커피 한 잔을 마시고 있다.

我在喝这杯咖啡。

Wǒ zài hē zhè bēi kāfēi. 나는 이 커피를 마시고 있다.

我在喝美式咖啡。

Wǒ zài hē měishì kāfēi. 나는 아메리카노 커피를 마시고 있다.

배운 문장 **연습**하기

빈칸에 우리말 뜻에 맞는 중국어 문장과 발음을 써 보고,
소리 내어 읽으면서 연습해 보세요.

01 나는 책을 보고 있다.

문장 쓰기

발음 쓰기 [ ]

02 나는 책 한 권을 보고 있다.

[ ]

03 나는 이 책을 보고 있다.

[ ]

04 나는 친구의 책을 보고 있다.

[ ]

05 나는 소설을 보고 있다.

[ ]

06 나는 소설 한 권을 보고 있다.

문장 쓰기

발음 쓰기 [ ]

07 나는 이 소설을 보고 있다.

[ ]

08 나는 영국 소설을 보고 있다.

[ ]

09 나는 잡지를 보고 있다.

[ ]

10 나는 잡지 한 권을 보고 있다.

[ ]

01 나는 책을 보고 있다.

문장 쓰기 我在看书。

발음 쓰기 [Wǒ zài kàn shū.]

02 나는 책 한 권을 보고 있다.

我在看一本书。

[Wǒ zài kàn yì běn shū.]

03 나는 이 책을 보고 있다.

我在看这本书。

[Wǒ zài kàn zhè běn shū.]

04 나는 친구의 책을 보고 있다.

我在看朋友的书。

[Wǒ zài kàn péngyou de shū.]

05 나는 소설을 보고 있다.

我在看小说。

[Wǒ zài kàn xiǎoshuō.]

06 나는 소설 한 권을 보고 있다.

문장 쓰기 我在看一本小说。

발음 쓰기 [Wǒ zài kàn yì běn xiǎoshuō.]

07 나는 이 소설을 보고 있다.

我在看这本小说。

[Wǒ zài kàn zhè běn xiǎoshuō.]

08 나는 영국 소설을 보고 있다.

我在看英国小说。

[Wǒ zài kàn Yīngguó xiǎoshuō.]

09 나는 잡지를 보고 있다.

我在看杂志。

[Wǒ zài kàn zázhì.]

10 나는 잡지 한 권을 보고 있다.

我在看一本杂志。

[Wǒ zài kàn yì běn zázhì.]

11 나는 이 잡지를 보고 있다.

문장 쓰기

발음 쓰기 [ ]

12 나는 영화 잡지를 보고 있다.

[ ]

13 나는 요리를 하고 있다.

[ ]

14 나는 요리 두 개를 하고 있다.

[ ]

15 나는 이 요리를 하고 있다.

[ ]

16 나는 중국 요리를 하고 있다.

문장 쓰기

발음 쓰기 [ ]

17 나는 커피를 마시고 있다.

[ ]

18 나는 커피 한 잔을 마시고 있다.

[ ]

19 나는 이 커피를 마시고 있다.

[ ]

20 나는 아메리카노 커피를 마시고 있다.

[ ]

11 나는 이 잡지를 보고 있다.

문장 쓰기 我在看这本杂志。

발음 쓰기 [Wǒ zài kàn zhè běn zázhì.]

12 나는 영화 잡지를 보고 있다.

我在看电影杂志。

[Wǒ zài kàn diànyǐng zázhì.]

13 나는 요리를 하고 있다.

我在做菜。

[Wǒ zài zuò cài.]

14 나는 요리 두 개를 하고 있다.

我在做两个菜。

[Wǒ zài zuò liǎng ge cài.]

15 나는 이 요리를 하고 있다.

我在做这个菜。

[Wǒ zài zuò zhè ge cài.]

16 나는 중국 요리를 하고 있다.

문장 쓰기 我在做中国菜。

발음 쓰기 [Wǒ zài zuò zhōngguócài.]

17 나는 커피를 마시고 있다.

我在喝咖啡。

[Wǒ zài hē kāfēi.]

18 나는 커피 한 잔을 마시고 있다.

我在喝一杯咖啡。

[Wǒ zài hē yì bēi kāfēi.]

19 나는 이 커피를 마시고 있다.

我在喝这杯咖啡。

[Wǒ zài hē zhè bēi kāfēi.]

20 나는 아메리카노 커피를 마시고 있다.

我在喝美式咖啡。

[Wǒ zài hē měishì kāfēi.]

52강 너는 책을 보고 있니?

문장 구조

你 + 在 + 看 + [ ] + 吗?

你	在	看		吗?
너는	~하고 있다	보다		(의문)
Nǐ	zài	kàn		ma

중국어의 진행 의문문과 부정문

중국어의 진행형에서 의문 문장을 만들 때에는 문장 끝에 吗(ma)를 붙입니다. 부정 문장을 만들 때는 동사 앞의 在(zài)를 빼고, 没(有)(méi(yǒu))를 붙입니다.

예문 A : 你在看书吗? Nǐ zài kàn shū ma? (너는 책을 보고 있니?)

B : 我没看书。Wǒ méi kàn shū. (나는 책을 보고 있지 않아.)

동사 뒤에 什么(shénme)를 넣으면 '무엇을 ~하고 있니?'라는 문장이 됩니다.

예문 你在看什么? Nǐ zài kàn shénme? (너는 무엇을 보고 있니?)

A : 你在看什么书? Nǐ zài kàn shénme shū?
(너는 무슨 책을 보고 있니?)

B : 我在看中文书。Wǒ zài kàn zhōngwén shū.
(나는 중국어 책을 보고 있어.)

踢	(발로) 차다	足球	축구
tī		zúqiú	

你 Nǐ	在 zài	看 kàn	书 shū	吗? ma?	책을 보고 있니?
		听 tīng	音乐 yīnyuè	吗? ma?	음악을 듣고 있니?
		吃 chī	饭 fàn	吗? ma?	밥을 먹고 있니?
		喝 hē	茶 chá	吗? ma?	차를 마시고 있니?
		做 zuò	运动 yùndòng	吗? ma?	운동을 하고 있니?

你 Nǐ	在 zài	看 kàn	什么 shénme	书? shū?	무슨 책을 보고 있니?
		听 tīng	什么 shénme	音乐? yīnyuè?	무슨 음악을 듣고 있니?
		吃 chī	什么 shénme	菜? cài?	무슨 요리를 먹고 있니?
		喝 hē	什么 shénme	茶? chá?	무슨 차를 마시고 있니?
		做 zuò	什么 shénme	运动? yùndòng?	무슨 운동을 하고 있니?

문장듣고따라하기

你在看书吗?
Nǐ zài kàn shū ma? 너는 책을 보고 있니?
我在看书。
Wǒ zài kàn shū. 나는 책을 보고 있어.

你在听音乐吗?
Nǐ zài tīng yīnyuè ma? 너는 음악을 듣고 있니?
我没听音乐。
Wǒ méi tīng yīnyuè. 나는 음악을 듣고 있지 않아.

你在吃饭吗?
Nǐ zài chī fàn ma? 너는 밥을 먹고 있니?
我在吃饭。
Wǒ zài chī fàn. 나는 밥을 먹고 있어.

他在喝茶吗?
Tā zài hē chá ma? 그는 차를 마시고 있니?
他没喝茶。
Tā méi hē chá. 그는 차를 마시고 있지 않아.

她在做运动吗?
Tā zài zuò yùndòng ma? 그녀는 운동을 하고 있니?
她在做运动。
Tā zài zuò yùndòng. 그녀는 운동을 하고 있어.

你在看什么书?
Nǐ zài kàn shénme shū? 너는 무슨 책을 보고 있니?
我在看中文书。
Wǒ zài kàn zhōngwén shū. 나는 중국어 책을 보고 있어.

你在听什么音乐?
Nǐ zài tīng shénme yīnyuè? 너는 무슨 음악을 듣고 있니?
我在听外国音乐。
Wǒ zài tīng wàiguó yīnyuè. 나는 외국 음악을 듣고 있어.

你在吃什么菜?
Nǐ zài chī shénme cài? 너는 무슨 요리를 먹고 있니?
我在吃日本菜。
Wǒ zài chī Rìběn cài. 나는 일본 요리를 먹고 있어.

他在喝什么茶?
Tā zài hē shénme chá? 그는 무슨 차를 마시고 있니?
他在喝绿茶。
Tā zài hē lǜchá. 그는 녹차를 마시고 있어.

她在做什么运动?
Tā zài zuò shénme yùndòng? 그녀는 무슨 운동을 하고 있니?
她在踢足球。
Tā zài tī zúqiú. 그녀는 축구를 하고 있어.

배운 문장 연습하기

빈칸에 우리말 뜻에 맞는 중국어 문장과 발음을 써 보고,
소리 내어 읽으면서 연습해 보세요.

01 너는 책을 보고 있니?

문장 쓰기

발음 쓰기 [ ]

02 나는 책을 보고 있어.

[ ]

03 너는 음악을 듣고 있니?

[ ]

04 나는 음악을 듣고 있지 않아.

[ ]

05 너는 밥을 먹고 있니?

[ ]

06 나는 밥을 먹고 있어.

문장 쓰기

발음 쓰기 [ ]

07 그는 차를 마시고 있니?

[ ]

08 그는 차를 마시고 있지 않아.

[ ]

09 그녀는 운동을 하고 있니?

[ ]

10 그녀는 운동을 하고 있어.

[ ]

01 너는 책을 보고 있니?

문장 쓰기 你在看书吗?

발음 쓰기 [Nǐ zài kàn shū ma?]

02 나는 책을 보고 있어.

我在看书。

[Wǒ zài kàn shū.]

03 너는 음악을 듣고 있니?

你在听音乐吗?

[Nǐ zài tīng yīnyuè ma?]

04 나는 음악을 듣고 있지 않아.

我没听音乐。

[Wǒ méi tīng yīnyuè.]

05 너는 밥을 먹고 있니?

你在吃饭吗?

[Nǐ zài chī fàn ma?]

06 나는 밥을 먹고 있어.

문장 쓰기 我在吃饭。

발음 쓰기 [Wǒ zài chī fàn.]

07 그는 차를 마시고 있니?

他在喝茶吗?

[Tā zài hē chá ma?]

08 그는 차를 마시고 있지 않아.

他没喝茶。

[Tā méi hē chá.]

09 그녀는 운동을 하고 있니?

她在做运动吗?

[Tā zài zuò yùndòng ma?]

10 그녀는 운동을 하고 있어.

她在做运动。

[Tā zài zuò yùndòng.]

11 너는 무슨 책을 보고 있니?

문장 쓰기

발음 쓰기 [ ]

12 나는 중국어 책을 보고 있어.

[ ]

13 너는 무슨 음악을 듣고 있니?

[ ]

14 나는 외국 음악을 듣고 있어.

[ ]

15 너는 무슨 요리를 먹고 있니?

[ ]

16 나는 일본 요리를 먹고 있어.

문장 쓰기

발음 쓰기 [ ]

17 그는 무슨 차를 마시고 있니?

[ ]

18 그는 녹차를 마시고 있어.

[ ]

19 그녀는 무슨 운동을 하고 있니?

[ ]

20 그녀는 축구를 하고 있어.

[ ]

11 너는 무슨 책을 보고 있니?

문장 쓰기 你在看什么书?

발음 쓰기 [Nǐ zài kàn shénme shū?]

12 나는 중국어 책을 보고 있어.

我在看中文书。

[Wǒ zài kàn zhōngwén shū.]

13 너는 무슨 음악을 듣고 있니?

你在听什么音乐?

[Nǐ zài tīng shénme yīnyuè?]

14 나는 외국 음악을 듣고 있어.

我在听外国音乐。

[Wǒ zài tīng wàiguó yīnyuè.]

15 너는 무슨 요리를 먹고 있니?

你在吃什么菜?

[Nǐ zài chī shénme cài?]

16 나는 일본 요리를 먹고 있어.

문장 쓰기 我在吃日本菜。

발음 쓰기 [Wǒ zài chī Rìběn cài.]

17 그는 무슨 차를 마시고 있니?

他在喝什么茶?

[Tā zài hē shénme chá?]

18 그는 녹차를 마시고 있어.

他在喝绿茶。

[Tā zài hē lǜchá.]

19 그녀는 무슨 운동을 하고 있니?

她在做什么运动?

[Tā zài zuò shénme yùndòng?]

20 그녀는 축구를 하고 있어.

她在踢足球。

[Tā zài tī zúqiú.]

53강 나는 인천에 왔다

문장 구조

我 + 来 + 了 + [ ]
나는 오다 ~했다
Wǒ lái le

과거형을 나타내는 了(le)

중국어에서 '~했다'라는 의미의 과거형을 나타낼 때에는 동사 뒤에 了(le)를 붙여 줍니다.

예문 我看了书。Wǒ kàn le shū. (나는 책을 봤다.)

了	~했다	le
仁川	인천	Rénchuān
青岛	칭다오	Qīngdǎo
洗手间	화장실	xǐshǒujiān
机场	공항	jīchǎng
录音	녹음	lùyīn
北京烤鸭	북경 오리	Běijīng kǎoyā
饮料	음료	yǐnliào

我	来	+ 了 +	仁川	인천에 왔다
Wǒ	lái	le	Rénchuān	
			青岛	칭다오에 왔다
			Qīngdǎo	
我	去	+ 了 +	洗手间	화장실에 갔다
Wǒ	qù	le	xǐshǒujiān	
			机场	공항에 갔다
			jīchǎng	
我	看	+ 了 +	电影	영화를 봤다
Wǒ	kàn	le	diànyǐng	
我	听	+ 了 +	录音	녹음을 들었다
Wǒ	tīng	le	lùyīn	
我	吃	+ 了 +	晚饭	저녁밥을 먹었다
Wǒ	chī	le	wǎnfàn	
			北京烤鸭	북경 오리를 먹었다
			Běijīng kǎoyā	
我	喝	+ 了 +	饮料	음료를 마셨다
Wǒ	hē	le	yǐnliào	
			绿茶	녹차를 마셨다
			lǜchá	

문장듣고따라하기

我来仁川。
Wǒ lái Rénchuān. 나는 인천에 온다.
我来了仁川。
Wǒ lái le Rénchuān. 나는 인천에 왔다.

我来青岛。
Wǒ lái Qīngdǎo. 나는 칭다오에 온다.
我来了青岛。
Wǒ lái le Qīngdǎo. 나는 칭다오에 왔다.

我去洗手间。
Wǒ qù xǐshǒujiān. 나는 화장실에 간다.
我去了洗手间。
Wǒ qù le xǐshǒujiān. 나는 화장실에 갔다.

我去机场。
Wǒ qù jīchǎng. 나는 공항에 간다.
我去了机场。
Wǒ qù le jīchǎng. 나는 공항에 갔다.

我看电影。
Wǒ kàn diànyǐng. 나는 영화를 본다.
我看了电影。
Wǒ kàn le diànyǐng. 나는 영화를 봤다.

我听录音。

Wǒ tīng lùyīn. 나는 녹음을 듣는다.

我听了录音。

Wǒ tīng le lùyīn. 나는 녹음을 들었다.

我吃晚饭。

Wǒ chī wǎnfàn. 나는 저녁밥을 먹는다.

我吃了晚饭。

Wǒ chī le wǎnfàn. 나는 저녁밥을 먹었다.

我吃北京烤鸭。

Wǒ chī Běijīng kǎoyā. 나는 북경 오리를 먹는다.

我吃了北京烤鸭。

Wǒ chī le Běijīng kǎoyā. 나는 북경 오리를 먹었다.

我喝饮料。

Wǒ hē yǐnliào. 나는 음료를 마신다.

我喝了饮料。

Wǒ hē le yǐnliào. 나는 음료를 마셨다.

我喝绿茶。

Wǒ hē lǜchá. 나는 녹차를 마신다.

我喝了绿茶。

Wǒ hē le lǜchá. 나는 녹차를 마셨다.

배운 문장 **연습**하기

빈칸에 우리말 뜻에 맞는 중국어 문장과 발음을 써 보고, 소리 내어 읽으면서 연습해 보세요.

01 나는 인천에 온다.

문장 쓰기

발음 쓰기 [ ]

02 나는 인천에 왔다.

[ ]

03 나는 칭다오에 온다.

[ ]

04 나는 칭다오에 왔다.

[ ]

05 나는 화장실에 간다.

[ ]

06 나는 화장실에 갔다.

문장 쓰기

발음 쓰기 [ ]

07 나는 공항에 간다.

[ ]

08 나는 공항에 갔다.

[ ]

09 나는 영화를 본다.

[ ]

10 나는 영화를 봤다.

[ ]

01 나는 인천에 온다.

문장 쓰기 我来仁川。

발음 쓰기 [Wǒ lái Rénchuān.]

02 나는 인천에 왔다.

我来了仁川。

[Wǒ lái le Rénchuān.]

03 나는 칭다오에 온다.

我来青岛。

[Wǒ lái Qīngdǎo.]

04 나는 칭다오에 왔다.

我来了青岛。

[Wǒ lái le Qīngdǎo.]

05 나는 화장실에 간다.

我去洗手间。

[Wǒ qù xǐshǒujiān.]

06 나는 화장실에 갔다.

문장 쓰기 我去了洗手间。

발음 쓰기 [Wǒ qù le xǐshǒujiān.]

07 나는 공항에 간다.

我去机场。

[Wǒ qù jīchǎng.]

08 나는 공항에 갔다.

我去了机场。

[Wǒ qù le jīchǎng.]

09 나는 영화를 본다.

我看电影。

[Wǒ kàn diànyǐng.]

10 나는 영화를 봤다.

我看了电影。

[Wǒ kàn le diànyǐng.]

11 나는 녹음을 듣는다.

문장 쓰기

발음 쓰기 [ ]

12 나는 녹음을 들었다.

[ ]

13 나는 저녁밥을 먹는다.

[ ]

14 나는 저녁밥을 먹었다.

[ ]

15 나는 북경 오리를 먹는다.

[ ]

16 나는 북경 오리를 먹었다.

문장 쓰기

발음 쓰기 [ ]

17 나는 음료를 마신다.

[ ]

18 나는 음료를 마셨다.

[ ]

19 나는 녹차를 마신다.

[ ]

20 나는 녹차를 마셨다.

[ ]

11 나는 녹음을 듣는다.

문장쓰기 我听录音。

발음쓰기 [Wǒ tīng lùyīn.]

12 나는 녹음을 들었다.

我听了录音。

[Wǒ tīng le lùyīn.]

13 나는 저녁밥을 먹는다.

我吃晚饭。

[Wǒ chī wǎnfàn.]

14 나는 저녁밥을 먹었다.

我吃了晚饭。

[Wǒ chī le wǎnfàn.]

15 나는 북경 오리를 먹는다.

我吃北京烤鸭。

[Wǒ chī Běijīng kǎoyā.]

16 나는 북경 오리를 먹었다.

문장 쓰기 我吃了北京烤鸭。

발음 쓰기 [Wǒ chī le Běijīng kǎoyā.]

17 나는 음료를 마신다.

我喝饮料。

[Wǒ hē yǐnliào.]

18 나는 음료를 마셨다.

我喝了饮料。

[Wǒ hē le yǐnliào.]

19 나는 녹차를 마신다.

我喝绿茶。

[Wǒ hē lǜchá.]

20 나는 녹차를 마셨다.

我喝了绿茶。

[Wǒ hē le lǜchá.]

54강 나는 이미 옷을 입었다

我	+	已经	+	穿	+		+	了
나는		이미		입다				~했다
Wǒ		yǐjing		chuān				le

* 已经(yǐjing)은 '이미'라는 뜻을 가진 부사 단어로, 동사 앞에 '已经'을 붙이면 '이미 ~했다'라는 의미가 됩니다.

예문 我已经穿衣服了。Wǒ yǐjing chuān yīfu le.
(나는 이미 옷을 입었다.)

已经	이미	公共汽车	버스
yǐjing		gōnggòngqìchē	
火车	기차	飞机	비행기
huǒchē		fēijī	
骑	(자전거 등에) 타다	自行车	자전거
qí		zìxíngchē	

我 Wǒ	已经 yǐjing	穿 chuān	衣服 yīfu	了 le	이미 옷을 입었다
			鞋 xié		이미 신발을 신었다
我 Wǒ	已经 yǐjing	学 xué	日语 Rìyǔ	了 le	이미 일본어를 배웠다
			游泳 yóuyǒng		이미 수영을 배웠다
我 Wǒ	已经 yǐjing	坐 zuò	公共汽车 gōnggòngqìchē	了 le	이미 버스를 탔다
			飞机 fēijī		이미 비행기를 탔다
			火车 huǒchē		이미 기차를 탔다
我 Wǒ	已经 yǐjing	骑 qí	自行车 zìxíngchē	了 le	이미 자전거를 탔다
我 Wǒ	已经 yǐjing	买 mǎi	东西 dōngxi	了 le	이미 물건을 샀다
			礼物 lǐwù		이미 선물을 샀다

문장듣고따라하기

我穿衣服。
Wǒ chuān yīfu. 나는 옷을 입는다.
我已经穿衣服了。
Wǒ yǐjing chuān yīfu le. 나는 이미 옷을 입었다.

我穿鞋。
Wǒ chuān xié. 나는 신발을 신는다.
我已经穿鞋了。
Wǒ yǐjing chuān xié le. 나는 이미 신발을 신었다.

我学日语。
Wǒ xué Rìyǔ. 나는 일본어를 배운다.
我已经学日语了。
Wǒ yǐjing xué Rìyǔ le. 나는 이미 일본어를 배웠다.

我学游泳。
Wǒ xué yóuyǒng. 나는 수영을 배운다.
我已经学游泳了。
Wǒ yǐjing xué yóuyǒng le. 나는 이미 수영을 배웠다.

我坐公共汽车。
Wǒ zuò gōnggòngqìchē. 나는 버스를 탄다.
我已经坐公共汽车了。
Wǒ yǐjing zuò gōnggòngqìchē le. 나는 이미 버스를 탔다.

我坐飞机。

Wǒ zuò fēijī. 나는 비행기를 탄다.

我已经坐飞机了。

Wǒ yǐjing zuò fēijī le. 나는 이미 비행기를 탔다.

我坐火车。

Wǒ zuò huǒchē. 나는 기차를 탄다.

我已经坐火车了。

Wǒ yǐjing zuò huǒchē le. 나는 이미 기차를 탔다.

我骑自行车。

Wǒ qí zìxíngchē. 나는 자전거를 탄다.

我已经骑自行车了。

Wǒ yǐjing qí zìxíngchē le. 나는 이미 자전거를 탔다.

我买东西。

Wǒ mǎi dōngxi. 나는 물건을 산다.

我已经买东西了。

Wǒ yǐjing mǎi dōngxi le. 나는 이미 물건을 샀다.

我买礼物。

Wǒ mǎi lǐwù. 나는 선물을 산다.

我已经买礼物了。

Wǒ yǐjing mǎi lǐwù le. 나는 이미 선물을 샀다.

배운 문장 **연습**하기

빈칸에 우리말 뜻에 맞는 중국어 문장과 발음을 써 보고,
소리 내어 읽으면서 연습해 보세요.

01 나는 옷을 입는다.

문장 쓰기

발음 쓰기 [ ]

02 나는 이미 옷을 입었다.

[ ]

03 나는 신발을 신는다.

[ ]

04 나는 이미 신발을 신었다.

[ ]

05 나는 일본어를 배운다.

[ ]

06 나는 이미 일본어를 배웠다.

문장 쓰기

발음 쓰기 [ ]

07 나는 수영을 배운다.

[ ]

08 나는 이미 수영을 배웠다.

[ ]

09 나는 버스를 탄다.

[ ]

10 나는 이미 버스를 탔다.

[ ]

01 나는 옷을 입는다.

문장 쓰기 我穿衣服。

발음 쓰기 [Wǒ chuān yīfu.]

02 나는 이미 옷을 입었다.

我已经穿衣服了。

[Wǒ yǐjing chuān yīfu le.]

03 나는 신발을 신는다.

我穿鞋。

[Wǒ chuān xié.]

04 나는 이미 신발을 신었다.

我已经穿鞋了。

[Wǒ yǐjing chuān xié le.]

05 나는 일본어를 배운다.

我学日语。

[Wǒ xué Rìyǔ.]

06 나는 이미 일본어를 배웠다.

문장 쓰기 我已经学日语了。

발음 쓰기 [Wǒ yǐjing xué Rìyǔ le.]

07 나는 수영을 배운다.

我学游泳。

[Wǒ xué yóuyǒng.]

08 나는 이미 수영을 배웠다.

我已经学游泳了。

[Wǒ yǐjing xué yóuyǒng le.]

09 나는 버스를 탄다.

我坐公共汽车。

[Wǒ zuò gōnggòngqìchē.]

10 나는 이미 버스를 탔다.

我已经坐公共汽车了。

[Wǒ yǐjing zuò gōnggòngqìchē le.]

11 나는 비행기를 탄다.

문장 쓰기

발음 쓰기 [ ]

12 나는 이미 비행기를 탔다.

[ ]

13 나는 기차를 탄다.

[ ]

14 나는 이미 기차를 탔다.

[ ]

15 나는 자전거를 탄다.

[ ]

16 나는 이미 자전거를 탔다.

문장 쓰기

발음 쓰기 [ ]

17 나는 물건을 산다.

[ ]

18 나는 이미 물건을 샀다.

[ ]

19 나는 선물을 산다.

[ ]

20 나는 이미 선물을 샀다.

[ ]

11 나는 비행기를 탄다.

문장 쓰기 我坐飞机。

발음 쓰기 [Wǒ zuò fēijī.]

12 나는 이미 비행기를 탔다.

我已经坐飞机了。

[Wǒ yǐjing zuò fēijī le.]

13 나는 기차를 탄다.

我坐火车。

[Wǒ zuò huǒchē.]

14 나는 이미 기차를 탔다.

我已经坐火车了。

[Wǒ yǐjing zuò huǒchē le.]

15 나는 자전거를 탄다.

我骑自行车。

[Wǒ qí zìxíngchē.]

16 나는 이미 자전거를 탔다.

문장 쓰기 我已经骑自行车了。

발음 쓰기 [Wǒ yǐjing qí zìxíngchē le.]

17 나는 물건을 산다.

我买东西。

[Wǒ mǎi dōngxi.]

18 나는 이미 물건을 샀다.

我已经买东西了。

[Wǒ yǐjing mǎi dōngxi le.]

19 나는 선물을 산다.

我买礼物。

[Wǒ mǎi lǐwù.]

20 나는 이미 선물을 샀다.

我已经买礼物了。

[Wǒ yǐjing mǎi lǐwù le.]

55강 나는 남동생의 책을 봤다

문장 구조

我 + 看 + 了 + [ ] + 书

我	看	了		书
나는	보다	~했다		책
Wǒ	kàn	le		shū

중국어	뜻	중국어	뜻
书 shū	책	弟弟 dìdi	남동생
小说 xiǎoshuō	소설	妈妈 māma	엄마
橙汁 chéngzhī	오렌지 주스	朋友 péngyou	친구
大衣 dàyī	외투	妹妹 mèimei	여동생
礼物 lǐwù	선물	生日 shēngrì	생일

我 看 + 了 +
Wǒ kàn le

书
shū
책을 봤다

三本 + 书
sān běn shū
책 세 권을 봤다

那本 + 书
nà běn shū
그 책을 봤다

弟弟的 + 书
dìdi de shū
남동생의 책을 봤다

我 买 + 了 +
Wǒ mǎi le

礼物
lǐwù
선물을 샀다

四件 + 礼物
sì jiàn lǐwù
선물 네 개를 샀다

那件 + 礼物
nà jiàn lǐwù
그 선물을 샀다

生日 + 礼物
shēngrì lǐwù
생일 선물을 샀다

문장듣고따라하기

我看了书。
Wǒ kàn le shū. 나는 책을 봤다.

我看了三本书。
Wǒ kàn le sān běn shū. 나는 책 세 권을 봤다.

我看了那本书。
Wǒ kàn le nà běn shū. 나는 그 책을 봤다.

我看了弟弟的书。
Wǒ kàn le dìdi de shū. 나는 남동생의 책을 봤다.

我看了小说。
Wǒ kàn le xiǎoshuō. 나는 소설을 봤다.

我看了五本小说。
Wǒ kàn le wǔ běn xiǎoshuō. 나는 소설 다섯 권을 봤다.

我看了这本小说。
Wǒ kàn le zhè běn xiǎoshuō. 나는 이 소설을 봤다.

我看了妈妈的小说。
Wǒ kàn le māma de xiǎoshuō. 나는 엄마의 소설을 봤다.

我喝了橙汁。
Wǒ hē le chéngzhī. 나는 오렌지 주스를 마셨다.

我喝了两杯橙汁。
Wǒ hē le liǎng bēi chéngzhī. 나는 오렌지 주스 두 잔을 마셨다.

我喝了这杯橙汁。
Wǒ hē le zhè bēi chéngzhī. 나는 이 오렌지 주스를 마셨다.
我喝了朋友的橙汁。
Wǒ hē le péngyou de chéngzhī. 나는 친구의 오렌지 주스를 마셨다.

我穿了大衣。
Wǒ chuān le dàyī. 나는 외투를 입었다.
我穿了一件大衣。
Wǒ chuān le yí jiàn dàyī. 나는 외투 한 벌을 입었다.
我穿了这件大衣。
Wǒ chuān le zhè jiàn dàyī. 나는 이 외투를 입었다.
我穿了妹妹的大衣。
Wǒ chuān le mèimei de dàyī. 나는 여동생의 외투를 입었다.

我买了礼物。
Wǒ mǎi le lǐwù. 나는 선물을 샀다.
我买了四件礼物。
Wǒ mǎi le sì jiàn lǐwù. 나는 선물 네 개를 샀다.
我买了那件礼物。
Wǒ mǎi le nà jiàn lǐwù. 나는 그 선물을 샀다.
我买了生日礼物。
Wǒ mǎi le shēngrì lǐwù. 나는 생일 선물을 샀다.

배운 문장 **연습**하기

빈칸에 우리말 뜻에 맞는 중국어 문장과 발음을 써 보고,
소리 내어 읽으면서 연습해 보세요.

01 나는 책을 봤다.

문장 쓰기

발음 쓰기 [ ]

02 나는 책 세 권을 봤다.

[ ]

03 나는 그 책을 봤다.

[ ]

04 나는 남동생의 책을 봤다.

[ ]

05 나는 소설을 봤다.

[ ]

06 나는 소설 다섯 권을 봤다.

문장 쓰기

발음 쓰기 [ ]

07 나는 이 소설을 봤다.

[ ]

08 나는 엄마의 소설을 봤다.

[ ]

09 나는 오렌지 주스를 마셨다.

[ ]

10 나는 오렌지 주스 두 잔을 마셨다.

[ ]

01 나는 책을 봤다.

문장 쓰기 我看了书。

발음 쓰기 [Wǒ kàn le shū.]

02 나는 책 세 권을 봤다.

我看了三本书。

[Wǒ kàn le sān běn shū.]

03 나는 그 책을 봤다.

我看了那本书。

[Wǒ kàn le nà běn shū.]

04 나는 남동생의 책을 봤다.

我看了弟弟的书。

[Wǒ kàn le dìdi de shū.]

05 나는 소설을 봤다.

我看了小说。

[Wǒ kàn le xiǎoshuō.]

06 나는 소설 다섯 권을 봤다.

문장 쓰기 我看了五本小说。

발음 쓰기 [Wǒ kàn le wǔ běn xiǎoshuō.]

07 나는 이 소설을 봤다.

我看了这本小说。

[Wǒ kàn le zhè běn xiǎoshuō.]

08 나는 엄마의 소설을 봤다.

我看了妈妈的小说。

[Wǒ kàn le māma de xiǎoshuō.]

09 나는 오렌지 주스를 마셨다.

我喝了橙汁。

[Wǒ hē le chéngzhī.]

10 나는 오렌지 주스 두 잔을 마셨다.

我喝了两杯橙汁。

[Wǒ hē le liǎng bēi chéngzhī.]

11 나는 이 오렌지 주스를 마셨다.

문장 쓰기

발음 쓰기 [ ]

12 나는 친구의 오렌지 주스를 마셨다.

[ ]

13 나는 외투를 입었다.

[ ]

14 나는 외투 한 벌을 입었다.

[ ]

15 나는 이 외투를 입었다.

[ ]

16 나는 여동생의 외투를 입었다.

문장 쓰기

발음 쓰기 [ ]

17 나는 선물을 샀다.

[ ]

18 나는 선물 네 개를 샀다.

[ ]

19 나는 그 선물을 샀다.

[ ]

20 나는 생일 선물을 샀다.

[ ]

11 나는 이 오렌지 주스를 마셨다.

문장 쓰기 我喝了这杯橙汁。

발음 쓰기 [Wǒ hē le zhè bēi chéngzhī.]

12 나는 친구의 오렌지 주스를 마셨다.

我喝了朋友的橙汁。

[Wǒ hē le péngyou de chéngzhī.]

13 나는 외투를 입었다.

我穿了大衣。

[Wǒ chuān le dàyī.]

14 나는 외투 한 벌을 입었다.

我穿了一件大衣。

[Wǒ chuān le yí jiàn dàyī.]

15 나는 이 외투를 입었다.

我穿了这件大衣。

[Wǒ chuān le zhè jiàn dàyī.]

16 나는 여동생의 외투를 입었다.

문장 쓰기 我穿了妹妹的大衣。

발음 쓰기 [Wǒ chuān le mèimei de dàyī.]

17 나는 선물을 샀다.

我买了礼物。

[Wǒ mǎi le lǐwù.]

18 나는 선물 네 개를 샀다.

我买了四件礼物。

[Wǒ mǎi le sì jiàn lǐwù.]

19 나는 그 선물을 샀다.

我买了那件礼物。

[Wǒ mǎi le nà jiàn lǐwù.]

20 나는 생일 선물을 샀다.

我买了生日礼物。

[Wǒ mǎi le shēngrì lǐwù.]

56강 나는 런던에 오지 않았다

문장 구조

我 + 没 + 来 + [ ]

나는 ~ 않았다 오다

Wǒ méi lái

중국어 과거형의 부정 표현 '没(méi)'

중국어 과거형에서 부정 문장을 만들 때는 동사 앞에 没(有)(méi(yǒu))를 붙입니다. 이때 동사 뒤에 了(le)를 붙이지 않습니다. 没(有) 앞에 '아직'이라는 의미의 还(hái)를 붙이면 '아직 ~하지 않았다'라는 의미가 됩니다.

예문 我没来伦敦。Wǒ méi lái Lúndūn. (나는 런던에 오지 않았다.)

我还没去机场。Wǒ hái méi qù jīchǎng. (나는 아직 공항에 가지 않았다.)

伦敦	런던	机场	공항
Lúndūn		jīchǎng	
晚饭	저녁밥	袜子	양말
wǎnfàn		wàzi	
公共汽车	버스	还	아직
gōnggòngqìchē		hái	

我 Wǒ	+ 没 + méi	来 lái	伦敦 Lúndūn	런던에 오지 않았다
		去 qù	机场 jīchǎng	공항에 가지 않았다
		看 kàn	电影 diànyǐng	영화를 보지 않았다
		听 tīng	汉语课 Hànyǔ kè	중국어 수업을 듣지 않았다
		吃 chī	晚饭 wǎnfàn	저녁밥을 먹지 않았다
		穿 chuān	袜子 wàzi	양말을 신지 않았다
		学 xué	日语 Rìyǔ	일본어를 배우지 않았다
		坐 zuò	公共汽车 gōnggòngqìchē	버스를 타지 않았다
		买 mǎi	手表 shǒubiǎo	손목시계를 사지 않았다
		做 zuò	中国菜 zhōngguócài	중국 요리를 하지 않았다

문장듣고따라하기

我来了伦敦。
Wǒ lái le Lúndūn. 나는 런던에 왔다.
我没来伦敦。
Wǒ méi lái Lúndūn. 나는 런던에 오지 않았다.

我去了机场。
Wǒ qù le jīchǎng. 나는 공항에 갔다.
我没去机场。
Wǒ méi qù jīchǎng. 나는 공항에 가지 않았다.

我看了电影。
Wǒ kàn le diànyǐng. 나는 영화를 봤다.
我没看电影。
Wǒ méi kàn diànyǐng. 나는 영화를 보지 않았다.

我听了汉语课。
Wǒ tīng le Hànyǔ kè. 나는 중국어 수업을 들었다.
我没听汉语课。
Wǒ méi tīng Hànyǔ kè. 나는 중국어 수업을 듣지 않았다.

我吃了晚饭。
Wǒ chī le wǎnfàn. 나는 저녁밥을 먹었다.
我没吃晚饭。
Wǒ méi chī wǎnfàn. 나는 저녁밥을 먹지 않았다.

我穿了袜子。
Wǒ chuān le wàzi. 나는 양말을 신었다.
我还没穿袜子。
Wǒ hái méi chuān wàzi. 나는 아직 양말을 신지 않았다.

我学了日语。
Wǒ xué le Rìyǔ. 나는 일본어를 배웠다.
我还没学日语。
Wǒ hái méi xué Rìyǔ. 나는 아직 일본어를 배우지 않았다.

我坐了公共汽车。
Wǒ zuò le gōnggòngqìchē. 나는 버스를 탔다.
我还没坐公共汽车。
Wǒ hái méi zuò gōnggòngqìchē. 나는 아직 버스를 타지 않았다.

我买了手表。
Wǒ mǎi le shǒubiǎo. 나는 손목시계를 샀다.
我还没买手表。
Wǒ hái méi mǎi shǒubiǎo. 나는 아직 손목시계를 사지 않았다.

我做了中国菜。
Wǒ zuò le zhōngguócài. 나는 중국 요리를 했다.
我还没做中国菜。
Wǒ hái méi zuò zhōngguócài. 나는 아직 중국 요리를 하지 않았다.

배운 문장 **연습**하기

빈칸에 우리말 뜻에 맞는 중국어 문장과 발음을 써 보고,
소리 내어 읽으면서 연습해 보세요.

01 나는 런던에 왔다.

문장 쓰기

발음 쓰기 [ ]

02 나는 런던에 오지 않았다.

[ ]

03 나는 공항에 갔다.

[ ]

04 나는 공항에 가지 않았다.

[ ]

05 나는 영화를 봤다.

[ ]

06 나는 영화를 보지 않았다.

문장 쓰기

발음 쓰기 [ ]

07 나는 중국어 수업을 들었다.

[ ]

08 나는 중국어 수업을 듣지 않았다.

[ ]

09 나는 저녁밥을 먹었다.

[ ]

10 나는 저녁밥을 먹지 않았다.

[ ]

01 나는 런던에 왔다.

문장 쓰기 我来了伦敦。

발음 쓰기 [Wǒ lái le Lúndūn.]

02 나는 런던에 오지 않았다.

我没来伦敦。

[Wǒ méi lái Lúndūn.]

03 나는 공항에 갔다.

我去了机场。

[Wǒ qù le jīchǎng.]

04 나는 공항에 가지 않았다.

我没去机场。

[Wǒ méi qù jīchǎng.]

05 나는 영화를 봤다.

我看了电影。

[Wǒ kàn le diànyǐng.]

06 나는 영화를 보지 않았다.

문장 쓰기 我没看电影。

발음 쓰기 [Wǒ méi kàn diànyǐng.]

07 나는 중국어 수업을 들었다.

我听了汉语课。

[Wǒ tīng le Hànyǔ kè.]

08 나는 중국어 수업을 듣지 않았다.

我没听汉语课。

[Wǒ méi tīng Hànyǔ kè.]

09 나는 저녁밥을 먹었다.

我吃了晚饭。

[Wǒ chī le wǎnfàn.]

10 나는 저녁밥을 먹지 않았다.

我没吃晚饭。

[Wǒ méi chī wǎnfàn.]

11 나는 양말을 신었다.

문장 쓰기

발음 쓰기 [ ]

12 나는 아직 양말을 신지 않았다.

[ ]

13 나는 일본어를 배웠다.

[ ]

14 나는 아직 일본어를 배우지 않았다.

[ ]

15 나는 버스를 탔다.

[ ]

16 나는 아직 버스를 타지 않았다.

문장 쓰기

발음 쓰기 [ ]

17 나는 손목시계를 샀다.

[ ]

18 나는 아직 손목시계를 사지 않았다.

[ ]

19 나는 중국 요리를 했다.

[ ]

20 나는 아직 중국 요리를 하지 않았다.

[ ]

11 나는 양말을 신었다.

문장 쓰기 我穿了袜子。

발음 쓰기 [Wǒ chuān le wàzi.]

12 나는 아직 양말을 신지 않았다.

我还没穿袜子。

[Wǒ hái méi chuān wàzi.]

13 나는 일본어를 배웠다.

我学了日语。

[Wǒ xué le Rìyǔ.]

14 나는 아직 일본어를 배우지 않았다.

我还没学日语。

[Wǒ hái méi xué Rìyǔ.]

15 나는 버스를 탔다.

我坐了公共汽车。

[Wǒ zuò le gōnggòngqìchē.]

16 나는 아직 버스를 타지 않았다.

문장 쓰기 我还没坐公共汽车。

발음 쓰기 [Wǒ hái méi zuò gōnggòngqìchē.]

17 나는 손목시계를 샀다.

我买了手表。

[Wǒ mǎi le shǒubiǎo.]

18 나는 아직 손목시계를 사지 않았다.

我还没买手表。

[Wǒ hái méi mǎi shǒubiǎo.]

19 나는 중국 요리를 했다.

我做了中国菜。

[Wǒ zuò le zhōngguócài.]

20 나는 아직 중국 요리를 하지 않았다.

我还没做中国菜。

[Wǒ hái méi zuò zhōngguócài.]

57강 나는 베이징에 간 적이 있다

문장 구조

我 + 去 + 过 +

我	去	过
나는	가다	~한 적이 있다
Wǒ	qù	guo

과거 경험을 나타내는 '过(guo)'

동사 뒤에 过(guo)를 붙이면 '~한 적이 있다'라는 과거 경험 의미가 됩니다.

예문 我去过北京。Wǒ qùguo Běijīng. (나는 베이징에 간 적이 있다.)

부정 문장을 만들 때에는 동사 앞에 没(有)(méi(yǒu))를 붙여 주고, 没(有) 앞에 还(hái), 从来(cónglái) 등을 붙이면 '아직 ~한 적이 없다', '지금까지 ~한 적이 없다'라는 의미가 됩니다.

예문 我还没吃过月饼。Wǒ hái méi chīguo yuèbing.
(나는 아직 월병을 먹은 적이 없다.)

我从来没学过游泳。Wǒ cónglái méi xuéguo yóuyǒng.
(나는 지금까지 수영을 배운 적이 없다.)

过	~한 적이 있다	还	아직
guo		hái	
从来	지금까지	香菜	고수
cónglái		xiāngcài	

我 Wǒ	去 qù	+ 过 + guo	北京 Běijīng	베이징에 간 적이 있다
			动物园 dòngwùyuán	동물원에 간 적이 있다
我 Wǒ	看 kàn	+ 过 + guo	这本书 zhè běn shū	이 책을 본 적이 있다
			日本电影 Rìběn diànyǐng	일본 영화를 본 적이 있다
我 Wǒ	听 tīng	+ 过 + guo	汉语课 Hànyǔ kè	중국어 수업을 들은 적이 있다
			中国音乐 Zhōngguó yīnyuè	중국 음악을 들은 적이 있다
我 Wǒ	吃 chī	+ 过 + guo	香菜 xiāngcài	고수를 먹은 적이 있다
			月饼 yuèbing	월병을 먹은 적이 있다
我 Wǒ	学 xué	+ 过 + guo	游泳 yóuyǒng	수영을 배운 적이 있다
			英语 Yīngyǔ	영어를 배운 적이 있다

문장듣고따라하기

我去过北京。
Wǒ qùguo Běijīng. 나는 베이징에 간 적이 있다.
我没去过北京。
Wǒ méi qùguo Běijīng. 나는 베이징에 간 적이 없다.

我去过动物园。
Wǒ qùguo dòngwùyuán. 나는 동물원에 간 적이 있다.
我没去过动物园。
Wǒ méi qùguo dòngwùyuán. 나는 동물원에 간 적이 없다.

我看过这本书。
Wǒ kànguo zhè běn shū. 나는 이 책을 본 적이 있다.
我没看过这本书。
Wǒ méi kànguo zhè běn shū. 나는 이 책을 본 적이 없다.

我看过日本电影。
Wǒ kànguo Rìběn diànyǐng. 나는 일본 영화를 본 적이 있다.
我没看过日本电影。
Wǒ méi kànguo Rìběn diànyǐng. 나는 일본 영화를 본 적이 없다.

我听过汉语课。
Wǒ tīngguo Hànyǔ kè. 나는 중국어 수업을 들은 적이 있다.
我没听过汉语课。
Wǒ méi tīngguo Hànyǔ kè. 나는 중국어 수업을 들은 적이 없다.

我听过中国音乐。

Wǒ tīngguo Zhōngguó yīnyuè. 나는 중국 음악을 들은 적이 있다.

我还没听过中国音乐。

Wǒ hái méi tīngguo Zhōngguó yīnyuè.

나는 아직 중국 음악을 들은 적이 없다.

我吃过香菜。

Wǒ chīguo xiāngcài. 나는 고수를 먹은 적이 있다.

我还没吃过香菜。

Wǒ hái méi chīguo xiāngcài. 나는 아직 고수를 먹은 적이 없다.

我吃过月饼。

Wǒ chīguo yuèbing. 나는 월병을 먹은 적이 있다.

我还没吃过月饼。

Wǒ hái méi chīguo yuèbing. 나는 아직 월병을 먹은 적이 없다.

我学过游泳。

Wǒ xuéguo yóuyǒng. 나는 수영을 배운 적이 있다.

我从来没学过游泳。

Wǒ cónglái méi xuéguo yóuyǒng. 나는 지금까지 수영을 배운 적이 없다.

我学过英语。

Wǒ xuéguo Yīngyǔ. 나는 영어를 배운 적이 있다.

我从来没学过英语。

Wǒ cónglái méi xuéguo Yīngyǔ. 나는 지금까지 영어를 배운 적이 없다.

배운 문장 연습하기

빈칸에 우리말 뜻에 맞는 중국어 문장과 발음을 써 보고, 소리 내어 읽으면서 연습해 보세요.

01 나는 베이징에 간 적이 있다.

문장 쓰기

발음 쓰기 [ ]

02 나는 베이징에 간 적이 없다.

[ ]

03 나는 동물원에 간 적이 있다.

[ ]

04 나는 동물원에 간 적이 없다.

[ ]

05 나는 이 책을 본 적이 있다.

[ ]

06 나는 이 책을 본 적이 없다.

문장 쓰기

발음 쓰기 [ ]

07 나는 일본 영화를 본 적이 있다.

[ ]

08 나는 일본 영화를 본 적이 없다.

[ ]

09 나는 중국어 수업을 들은 적이 있다.

[ ]

10 나는 중국어 수업을 들은 적이 없다.

[ ]

01 나는 베이징에 간 적이 있다.

문장 쓰기 我去过北京。

발음 쓰기 [Wǒ qùguo Běijīng.]

02 나는 베이징에 간 적이 없다.

我没去过北京。

[Wǒ méi qùguo Běijīng.]

03 나는 동물원에 간 적이 있다.

我去过动物园。

[Wǒ qùguo dòngwùyuán.]

04 나는 동물원에 간 적이 없다.

我没去过动物园。

[Wǒ méi qùguo dòngwùyuán.]

05 나는 이 책을 본 적이 있다.

我看过这本书。

[Wǒ kànguo zhè běn shū.]

06 나는 이 책을 본 적이 없다.

문장 쓰기 我没看过这本书。

발음 쓰기 [Wǒ méi kànguo zhè běn shū.]

07 나는 일본 영화를 본 적이 있다.

我看过日本电影。

[Wǒ kànguo Rìběn diànyǐng.]

08 나는 일본 영화를 본 적이 없다.

我没看过日本电影。

[Wǒ méi kànguo Rìběn diànyǐng.]

09 나는 중국어 수업을 들은 적이 있다.

我听过汉语课。

[Wǒ tīngguo Hànyǔ kè.]

10 나는 중국어 수업을 들은 적이 없다.

我没听过汉语课。

[Wǒ méi tīngguo Hànyǔ kè.]

11 나는 중국 음악을 들은 적이 있다.

문장 쓰기

발음 쓰기 [ ]

12 나는 아직 중국 음악을 들은 적이 없다.

[ ]

13 나는 고수를 먹은 적이 있다.

[ ]

14 나는 아직 고수를 먹은 적이 없다.

[ ]

15 나는 월병을 먹은 적이 있다.

[ ]

16 나는 아직 월병을 먹은 적이 없다.

문장 쓰기

발음 쓰기 [ ]

17 나는 수영을 배운 적이 있다.

[ ]

18 나는 지금까지 수영을 배운 적이 없다.

[ ]

19 나는 영어를 배운 적이 있다.

[ ]

20 나는 지금까지 영어를 배운 적이 없다.

[ ]

11 나는 중국 음악을 들은 적이 있다.

문장 쓰기 我听过中国音乐。

발음 쓰기 [Wǒ tīngguo Zhōngguó yīnyuè.]

12 나는 아직 중국 음악을 들은 적이 없다.

我还没听过中国音乐。

[Wǒ hái méi tīngguo Zhōngguó yīnyuè.]

13 나는 고수를 먹은 적이 있다.

我吃过香菜。

[Wǒ chīguo xiāngcài.]

14 나는 아직 고수를 먹은 적이 없다.

我还没吃过香菜。

[Wǒ hái méi chīguo xiāngcài.]

15 나는 월병을 먹은 적이 있다.

我吃过月饼。

[Wǒ chīguo yuèbing.]

16 나는 아직 월병을 먹은 적이 없다.

문장 쓰기 我还没吃过月饼。

발음 쓰기 [Wǒ hái méi chīguo yuèbing.]

17 나는 수영을 배운 적이 있다.

我学过游泳。

[Wǒ xuéguo yóuyǒng.]

18 나는 지금까지 수영을 배운 적이 없다.

我从来没学过游泳。

[Wǒ cónglái méi xuéguo yóuyǒng.]

19 나는 영어를 배운 적이 있다.

我学过英语。

[Wǒ xuéguo Yīngyǔ.]

20 나는 지금까지 영어를 배운 적이 없다.

我从来没学过英语。

[Wǒ cónglái méi xuéguo Yīngyǔ.]

58강 이 옷은 크다

문장 구조

很 + [ ]
매우
hěn

* 很(hěn)은 '매우, 아주'라는 의미이지만, 일반적인 형용사 긍정 문장에서는 의미를 따로 해석하지 않습니다.

大	크다	小	작다
dà		xiǎo	
多	많다	少	적다
duō		shǎo	
长	길다	短	짧다
cháng		duǎn	
漂亮	예쁘다	帅	잘생기다
piàoliang		shuài	
忙	바쁘다	高兴	기쁘다
máng		gāoxìng	

很 hěn	+	大 dà	크다
		小 xiǎo	작다
		多 duō	많다
		少 shǎo	적다
		长 cháng	길다
		短 duǎn	짧다
		漂亮 piàoliang	예쁘다
		帅 shuài	잘생기다
		忙 máng	바쁘다
		高兴 gāoxìng	기쁘다

문장듣고따라하기

很大
hěn dà　크다
这件衣服很大。
Zhè jiàn yīfu hěn dà.　이 옷은 크다.

很小
hěn xiǎo　작다
这件衣服很小。
Zhè jiàn yīfu hěn xiǎo.　이 옷은 작다.

很多
hěn duō　많다
今天作业很多。
Jīntiān zuòyè hěn duō.　오늘 숙제가 많다.

很少
hěn shǎo　적다
今天作业很少。
Jīntiān zuòyè hěn shǎo.　오늘 숙제가 적다.

很长
hěn cháng　길다
这件大衣很长。
Zhè jiàn dàyī hěn cháng.　이 외투는 길다.

很短

hěn duǎn 짧다

这件大衣很短。

Zhè jiàn dàyī hěn duǎn. 이 외투는 짧다.

很漂亮

hěn piàoliang 예쁘다

我很漂亮。

Wǒ hěn piàoliang. 나는 예쁘다.

很帅

hěn shuài 잘생기다

我很帅。

Wǒ hěn shuài. 나는 잘생겼다.

很忙

hěn máng 바쁘다

我很忙。

Wǒ hěn máng. 나는 바쁘다.

很高兴

hěn gāoxìng 기쁘다

我很高兴。

Wǒ hěn gāoxìng. 나는 기쁘다.

배운 문장 **연습**하기

빈칸에 우리말 뜻에 맞는 중국어 문장과 발음을 써 보고,
소리 내어 읽으면서 연습해 보세요.

01 크다

문장 쓰기

발음 쓰기 [ ]

02 작다

[ ]

03 많다

[ ]

04 적다

[ ]

05 길다

[ ]

06 짧다

문장 쓰기

발음 쓰기 [ ]

07 예쁘다

[ ]

08 잘생기다

[ ]

09 바쁘다

[ ]

10 기쁘다

[ ]

01 크다

문장 쓰기 很大

발음 쓰기 [hěn dà]

02 작다

很小

[hěn xiǎo]

03 많다

很多

[hěn duō]

04 적다

很少

[hěn shǎo]

05 길다

很长

[hěn cháng]

06 짧다

문장 쓰기 很短

발음 쓰기 [hěn duǎn]

07 예쁘다

很漂亮

[hěn piàoliang]

08 잘생기다

很帅

[hěn shuài]

09 바쁘다

很忙

[hěn máng]

10 기쁘다

很高兴

[hěn gāoxìng]

11 이 옷은 크다.

문장 쓰기

발음 쓰기 [ ]

12 이 옷은 작다.

[ ]

13 오늘 숙제가 많다.

[ ]

14 오늘 숙제가 적다.

[ ]

15 이 외투는 길다.

[ ]

16 이 외투는 짧다.

문장 쓰기

발음 쓰기 [ ]

17 나는 예쁘다.

[ ]

18 나는 잘생겼다.

[ ]

19 나는 바쁘다.

[ ]

20 나는 기쁘다.

[ ]

11 이 옷은 크다.

문장 쓰기 这件衣服很大。

발음 쓰기 [Zhè jiàn yīfu hěn dà.]

12 이 옷은 작다.

这件衣服很小。

[Zhè jiàn yīfu hěn xiǎo.]

13 오늘 숙제가 많다.

今天作业很多。

[Jīntiān zuòyè hěn duō.]

14 오늘 숙제가 적다.

今天作业很少。

[Jīntiān zuòyè hěn shǎo.]

15 이 외투는 길다.

这件大衣很长。

[Zhè jiàn dàyī hěn cháng.]

16 이 외투는 짧다.

문장 쓰기 这件大衣很短。

발음 쓰기 [Zhè jiàn dàyī hěn duǎn.]

17 나는 예쁘다.

我很漂亮。

[Wǒ hěn piàoliang.]

18 나는 잘생겼다.

我很帅。

[Wǒ hěn shuài.]

19 나는 바쁘다.

我很忙。

[Wǒ hěn máng.]

20 나는 기쁘다.

我很高兴。

[Wǒ hěn gāoxìng.]

59강 이 탁자는 비싸다

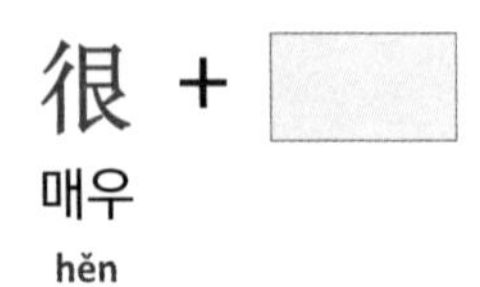

贵 guì	비싸다	便宜 piányi	싸다
难 nán	어렵다	容易 róngyì	쉽다
好 hǎo	좋다	好吃 hǎochī	맛있다
冷 lěng	춥다, 차갑다	热 rè	덥다, 뜨겁다
凉快 liángkuai	시원하다	暖和 nuǎnhuo	따뜻하다

很 hěn +

贵 guì	비싸다
便宜 piányi	싸다
难 nán	어렵다
容易 róngyì	쉽다
好 hǎo	좋다
好吃 hǎochī	맛있다
冷 lěng	춥다, 차갑다
热 rè	덥다, 뜨겁다
凉快 liángkuai	시원하다
暖和 nuǎnhuo	따뜻하다

문장듣고따라하기

很贵
hěn guì 비싸다
这张桌子很贵。
Zhè zhāng zhuōzi hěn guì. 이 탁자는 비싸다.

很便宜
hěn piányi 싸다
这张桌子很便宜。
Zhè zhāng zhuōzi hěn piányi. 이 탁자는 싸다.

很难
hěn nán 어렵다
汉语很难。
Hànyǔ hěn nán. 중국어는 어렵다.

很容易
hěn róngyì 쉽다
汉语很容易。
Hànyǔ hěn róngyì. 중국어는 쉽다.

很好
hěn hǎo 좋다
天气很好。
Tiānqì hěn hǎo. 날씨가 좋다.

很好吃
hěn hǎochī 맛있다
中国菜很好吃。
Zhōngguócài hěn hǎochī. 중국 요리는 맛있다.

很冷
hěn lěng 춥다, 차갑다
韩国的冬天很冷。
Hánguó de dōngtiān hěn lěng. 한국의 겨울은 춥다.

很热
hěn rè 덥다, 뜨겁다
韩国的夏天很热。
Hánguó de xiàtiān hěn rè. 한국의 여름은 덥다.

很凉快
hěn liángkuai 시원하다
天气很凉快。
Tiānqì hěn liángkuai. 날씨가 시원하다.

很暖和
hěn nuǎnhuo 따뜻하다
天气很暖和。
Tiānqì hěn nuǎnhuo. 날씨가 따뜻하다.

배운 문장 연습하기

빈칸에 우리말 뜻에 맞는 중국어 문장과 발음을 써 보고,
소리 내어 읽으면서 연습해 보세요.

01 비싸다

문장 쓰기

발음 쓰기 [ ]

02 싸다

[ ]

03 어렵다

[ ]

04 쉽다

[ ]

05 좋다

[ ]

06 맛있다

문장 쓰기

발음 쓰기 [ ]

07 춥다, 차갑다

[ ]

08 덥다, 뜨겁다

[ ]

09 시원하다

[ ]

10 따뜻하다

[ ]

01 비싸다

문장 쓰기 很贵

발음 쓰기 [hěn guì]

02 싸다

很便宜

[hěn piányi]

03 어렵다

很难

[hěn nán]

04 쉽다

很容易

[hěn róngyì]

05 좋다

很好

[hěn hǎo]

06 맛있다

문장 쓰기 很好吃

발음 쓰기 [hěn hǎochī]

07 춥다, 차갑다

很冷

[hěn lěng]

08 덥다, 뜨겁다

很热

[hěn rè]

09 시원하다

很凉快

[hěn liángkuai]

10 따뜻하다

很暖和

[hěn nuǎnhuo]

11 이 탁자는 비싸다.

문장 쓰기

발음 쓰기 [ ]

12 이 탁자는 싸다.

[ ]

13 중국어는 어렵다.

[ ]

14 중국어는 쉽다.

[ ]

15 날씨가 좋다.

[ ]

16 중국 요리는 맛있다.

문장 쓰기

발음 쓰기 [ ]

17 한국의 겨울은 춥다.

[ ]

18 한국의 여름은 덥다.

[ ]

19 날씨가 시원하다.

[ ]

20 날씨가 따뜻하다.

[ ]

11 이 탁자는 비싸다.

문장 쓰기 这张桌子很贵。

발음 쓰기 [Zhè zhāng zhuōzi hěn guì.]

12 이 탁자는 싸다.

这张桌子很便宜。

[Zhè zhāng zhuōzi hěn piányi.]

13 중국어는 어렵다.

汉语很难。

[Hànyǔ hěn nán.]

14 중국어는 쉽다.

汉语很容易。

[Hànyǔ hěn róngyì.]

15 날씨가 좋다.

天气很好。

[Tiānqì hěn hǎo.]

16 중국 요리는 맛있다.

문장 쓰기 中国菜很好吃。

발음 쓰기 [Zhōngguócài hěn hǎochī.]

17 한국의 겨울은 춥다.

韩国的冬天很冷。

[Hánguó de dōngtiān hěn lěng.]

18 한국의 여름은 덥다.

韩国的夏天很热。

[Hánguó de xiàtiān hěn rè.]

19 날씨가 시원하다.

天气很凉快。

[Tiānqì hěn liángkuai.]

20 날씨가 따뜻하다.

天气很暖和。

[Tiānqì hěn nuǎnhuo.]

60강 이 옷은 크지 않다

문장 구조

不 + [ ]
아니다
bù

大	크다	小	작다
dà		xiǎo	
多	많다	少	적다
duō		shǎo	
忙	바쁘다	难	어렵다
máng		nán	
容易	쉽다	好	좋다
róngyì		hǎo	
冷	춥다, 차갑다	热	덥다, 뜨겁다
lěng		rè	

不 bú	+	大 dà	크지 않다
不 bù	+	小 xiǎo	작지 않다
不 bù	+	多 duō	많지 않다
不 bù	+	少 shǎo	적지 않다
不 bù	+	忙 máng	바쁘지 않다
不 bù	+	难 nán	어렵지 않다
不 bù	+	容易 róngyì	쉽지 않다
不 bù	+	好 hǎo	좋지 않다
不 bù	+	冷 lěng	춥지(차갑지) 않다
不 bú	+	热 rè	덥지(뜨겁지) 않다

문장듣고따라하기

这件衣服很大。
Zhè jiàn yīfu hěn dà. 이 옷은 크다.
这件衣服不大。
Zhè jiàn yīfu bú dà. 이 옷은 크지 않다.

这件衣服很小。
Zhè jiàn yīfu hěn xiǎo. 이 옷은 작다.
这件衣服不小。
Zhè jiàn yīfu bù xiǎo. 이 옷은 작지 않다.

今天作业很多。
Jīntiān zuòyè hěn duō. 오늘 숙제가 많다.
今天作业不多。
Jīntiān zuòyè bù duō. 오늘 숙제가 많지 않다.

今天作业很少。
Jīntiān zuòyè hěn shǎo. 오늘 숙제가 적다.
今天作业不少。
Jīntiān zuòyè bù shǎo. 오늘 숙제가 적지 않다.

这件大衣很长。
Zhè jiàn dàyī hěn cháng. 이 외투는 길다.
这件大衣不长。
Zhè jiàn dàyī bù cháng. 이 외투는 길지 않다.

这件大衣很短。
Zhè jiàn dàyī hěn duǎn. 이 외투는 짧다.
这件大衣不短。
Zhè jiàn dàyī bù duǎn. 이 외투는 짧지 않다.

我很漂亮。
Wǒ hěn piàoliang. 나는 예쁘다.
我不漂亮。
Wǒ bú piàoliang. 나는 예쁘지 않다.

我很帅。
Wǒ hěn shuài. 나는 잘생겼다.
我不帅。
Wǒ bú shuài. 나는 잘생기지 않다.

我很忙。
Wǒ hěn máng. 나는 바쁘다.
我不忙。
Wǒ bù máng. 나는 바쁘지 않다.

我很高兴。
Wǒ hěn gāoxìng. 나는 기쁘다.
我不高兴。
Wǒ bù gāoxìng. 나는 기쁘지 않다.

문장듣고따라하기

这张桌子很贵。
Zhè zhāng zhuōzi hěn guì. 이 탁자는 비싸다.
这张桌子不贵。
Zhè zhāng zhuōzi bú guì. 이 탁자는 비싸지 않다.

这张桌子很便宜。
Zhè zhāng zhuōzi hěn piányi. 이 탁자는 싸다.
这张桌子不便宜。
Zhè zhāng zhuōzi bù piányi. 이 탁자는 싸지 않다.

汉语很难。
Hànyǔ hěn nán. 중국어는 어렵다.
汉语不难。
Hànyǔ bù nán. 중국어는 어렵지 않다.

汉语很容易。
Hànyǔ hěn róngyì. 중국어는 쉽다.
汉语不容易。
Hànyǔ bù róngyì. 중국어는 쉽지 않다.

天气很好。
Tiānqì hěn hǎo. 날씨가 좋다.
天气不好。
Tiānqì bù hǎo. 날씨가 좋지 않다.

这个菜很好吃。
Zhè ge cài hěn hǎochī. 이 요리는 맛있다.
这个菜不好吃。
Zhè ge cài bù hǎochī. 이 요리는 맛있지 않다.

韩国的冬天很冷。
Hánguó de dōngtiān hěn lěng. 한국의 겨울은 춥다.
韩国的夏天不冷。
Hánguó de xiàtiān bù lěng. 한국의 여름은 춥지 않다.

韩国的夏天很热。
Hánguó de xiàtiān hěn rè. 한국의 여름은 덥다.
韩国的冬天不热。
Hánguó de dōngtiān bú rè. 한국의 겨울은 덥지 않다.

天气很凉快。
Tiānqì hěn liángkuai. 날씨가 시원하다.
天气不凉快。
Tiānqì bù liángkuai. 날씨가 시원하지 않다.

天气很暖和。
Tiānqì hěn nuǎnhuo. 날씨가 따뜻하다.
天气不暖和。
Tiānqì bù nuǎnhuo. 날씨가 따뜻하지 않다.

배운 문장 연습하기

빈칸에 우리말 뜻에 맞는 중국어 문장과 발음을 써 보고,
소리 내어 읽으면서 연습해 보세요.

01 이 옷은 크지 않다.

문장 쓰기

발음 쓰기 [ ]

02 이 옷은 작지 않다.

[ ]

03 오늘 숙제가 많지 않다.

[ ]

04 오늘 숙제가 적지 않다.

[ ]

05 이 외투는 길지 않다.

[ ]

06 이 외투는 짧지 않다.

문장 쓰기

발음 쓰기 [ ]

07 나는 예쁘지 않다.

[ ]

08 나는 잘생기지 않다.

[ ]

09 나는 바쁘지 않다.

[ ]

10 나는 기쁘지 않다.

[ ]

01 이 옷은 크지 않다.

문장 쓰기 这件衣服不大。

발음 쓰기 [Zhè jiàn yīfu bú dà.]

02 이 옷은 작지 않다.

这件衣服不小。

[Zhè jiàn yīfu bù xiǎo.]

03 오늘 숙제가 많지 않다.

今天作业不多。

[Jīntiān zuòyè bù duō.]

04 오늘 숙제가 적지 않다.

今天作业不少。

[Jīntiān zuòyè bù shǎo.]

05 이 외투는 길지 않다.

这件大衣不长。

[Zhè jiàn dàyī bù cháng.]

06 이 외투는 짧지 않다.

문장 쓰기 这件大衣不短。

발음 쓰기 [Zhè jiàn dàyī bù duǎn.]

07 나는 예쁘지 않다.

我不漂亮。

[Wǒ bú piàoliang.]

08 나는 잘생기지 않다.

我不帅。

[Wǒ bú shuài.]

09 나는 바쁘지 않다.

我不忙。

[Wǒ bù máng.]

10 나는 기쁘지 않다.

我不高兴。

[Wǒ bù gāoxìng.]

11 이 탁자는 비싸지 않다.

문장 쓰기

발음 쓰기 [ ]

12 이 탁자는 싸지 않다.

[ ]

13 중국어는 어렵지 않다.

[ ]

14 중국어는 쉽지 않다.

[ ]

15 날씨가 좋지 않다.

[ ]

16 이 요리는 맛있지 않다.

문장 쓰기

발음 쓰기 [ ]

17 한국의 여름은 춥지 않다.

[ ]

18 한국의 겨울은 덥지 않다.

[ ]

19 날씨가 시원하지 않다.

[ ]

20 날씨가 따뜻하지 않다.

[ ]

11 이 탁자는 비싸지 않다.

문장 쓰기 这张桌子不贵。

발음 쓰기 [Zhè zhāng zhuōzi bú guì.]

12 이 탁자는 싸지 않다.

这张桌子不便宜。

[Zhè zhāng zhuōzi bù piányi.]

13 중국어는 어렵지 않다.

汉语不难。

[Hànyǔ bù nán.]

14 중국어는 쉽지 않다.

汉语不容易。

[Hànyǔ bù róngyì.]

15 날씨가 좋지 않다.

天气不好。

[Tiānqì bù hǎo.]

16 이 요리는 맛있지 않다.

문장 쓰기 这个菜不好吃。

발음 쓰기 [Zhè ge cài bù hǎochī.]

17 한국의 여름은 춥지 않다.

韩国的夏天不冷。

[Hánguó de xiàtiān bù lěng.]

18 한국의 겨울은 덥지 않다.

韩国的冬天不热。

[Hánguó de dōngtiān bú rè.]

19 날씨가 시원하지 않다.

天气不凉快。

[Tiānqì bù liángkuai.]

20 날씨가 따뜻하지 않다.

天气不暖和。

[Tiānqì bù nuǎnhuo.]

〈 복습강 〉

정답

我 ☐ 中国电视剧。

Wǒ ☐ Zhōngguó diànshìjù.

나는 중국 드라마를 보고 있다.

在看
zài kàn

我 ☐ 饭。

Wǒ ☐ fàn.

나는 밥을 먹고 있지 않다.

没吃
méi chī

你 ☐ 运动?

Nǐ ☐ yùndòng?

너는 무슨 운동을 하고 있니?

在做什么
zài zuò shénme

☐

나는 축구를 하고 있어.

我在踢足球。
Wǒ zài tī zúqiú.

☐

나는 생일 선물을 샀다.

我买了生日礼物。
Wǒ mǎi le shēngrì lǐwù.

정답

나는 아직 이 책을 보지 않았다.

我还没看这本书。
Wǒ hái méi kàn zhè běn shū.

我 ☐ 中国。

Wǒ ☐ Zhōngguó.

나는 중국에 간 적이 있다.

去过
qùguo

我 ☐ 香菜。

Wǒ ☐ xiāngcài.

나는 지금까지 고수를 먹은 적이 없다.

从来没吃过
cónglái méi chīguo

韩国的冬天 ☐ 。

Hánguó de dōngtiān ☐

한국의 겨울은 춥다.

很冷
hěn lěng

今天作业 ☐ 。

Jīntiān zuòyè ☐

오늘 숙제가 많지 않다.

不多
bù duō

• 중국어 기초 동사

한자	병음	뜻
爱	ài	사랑하다
吃	chī	먹다
穿	chuān	(옷, 양말 등을) 입다, 신다
到	dào	도착하다
工作	gōngzuò	일하다
关	guān	닫다, 끄다
喝	hē	마시다
开	kāi	열다, 켜다
看	kàn	보다
来	lái	오다
买	mǎi	사다
卖	mài	팔다
骑	qí	(자전거 등에) 타다
去	qù	가다
上	shàng	오르다, (차 등에) 타다
上班	shàngbān	출근하다
是	shì	~이다
说	shuō	말하다
踢	tī	(발로) 차다
听	tīng	듣다
洗	xǐ	씻다
下	xià	내려가다, (비 등이) 내리다
下班	xiàbān	퇴근하다
写	xiě	글씨를 쓰다
喜欢	xǐhuan	좋아하다
学	xué	배우다
学习	xuéxí	공부하다
有	yǒu	있다, 가지고 있다

한자	병음	뜻
在	zài	~에 있다
找	zhǎo	찾다
知道	zhīdào	알다
坐	zuò	(차 등에) 타다, 앉다
做	zuò	하다

• 중국어 기초 형용사

한자	병음	뜻
长	cháng	길다
大	dà	크다
短	duǎn	짧다
多	duō	많다
高兴	gāoxìng	기쁘다
贵	guì	비싸다
好	hǎo	좋다
好吃	hǎochī	맛있다
冷	lěng	춥다, 차갑다
凉快	liángkuai	시원하다
忙	máng	바쁘다
难	nán	어렵다
暖和	nuǎnhuo	따뜻하다
便宜	piányi	싸다
漂亮	piàoliang	예쁘다
热	rè	덥다, 뜨겁다
容易	róngyì	쉽다
少	shǎo	적다
帅	shuài	잘생기다
小	xiǎo	작다

중국어 기초 문장 정리

수량 표현	숫자 + 단위(양사) + 명사	一本书	책 한 권
소유	명사 + 的	我的书	나의 책
나는 ~이다	我 + 是	我是韩国人。	나는 한국인이다.
나는 ~이 아니다	我 + 不 + 是	我不是学生。	나는 학생이 아니다.
나는 ~에 온다/간다	我 + 来 我 + 去	我来首尔。 我去学校。	나는 서울에 온다. 나는 학교에 간다.
나는 ~에 있다	我 + 在	我在家。	나는 집에 있다.
나는 ~가 있다	我 + 有	我有妹妹。	나는 여동생이 있다.
나는 ~한다	我 + 동사	我看书。	나는 책을 본다.
나는 ~하지 않는다	我 + 不 + 동사	我不看书。	나는 책을 보지 않는다.
너는 ~하니?	你 + 동사 + 吗?	你看书吗?	너는 책을 보니?
나는 ~하고 있다	我 + 在 + 동사	我在看书。	나는 책을 보고 있다.
너는 ~하고 있니?	你 + 在 + 동사 + 吗?	你在看书吗?	너는 책을 보고 있니?
나는 ~하고 있지 않다	我 + 没 + 동사	我没看书。	나는 책을 보고 있지 않다.
나는 ~했다	我 + 동사 + 了	我看了书。	나는 책을 보았다.
나는 ~하지 않았다	我 + 没 + 동사	我没看书。	나는 책을 보지 않았다.
나는 ~한 적이 있다	我 + 동사 + 过	我看过书。	나는 책을 본 적이 있다.
나는 ~한 적이 없다	我 + 没 + 동사 + 过	我没看过书。	나는 책을 본 적이 없다.
~는 누구니?	~ + 是 + 谁?	你是谁?	너는 누구니?
누가 ~이니?	谁 + 是 + ~?	谁是老师?	누가 선생님이니?
누가 ~하니?	谁 + 동사?	谁看书?	누가 책을 보니?
~은 무엇이니?	~ + 是 + 什么?	这是什么?	이것은 무엇이니?
너는 언제 ~하니?	你 + 什么时候 + 동사?	你什么时候看书?	너는 언제 책을 보니?
~는 어디 가니?	~ + 去 + 哪儿?	你去哪儿?	너는 어디 가니?
너는 어디에서 ~하니?	你 + 在哪儿 + ~?	你在哪儿看书?	너는 어디에서 책을 보니?
형용사	很 + 형용사	我很忙。	나는 바쁘다.